楽しくはじめる

ひとり暮らしのきほん

成美堂出版

目次

3章

暮らし編 ひとり暮らしで知っておきたいポイント

3章

○持っていく
○持っていく
GAME
✕持っていかない
○持っていく

はじめに

ひとり暮らしが決まったあなた、おめでとうございます！
初めてのひとり暮らし、わからないことがたくさんで、期待と
不安が入り混じっていることでしょう。

本書では、

「実例編」
「準備編」
「暮らし編」
の順で、ひとり暮らしをする上で知っておくといいポイントと
注意点を紹介していきます。

部屋の探し方や賃貸契約から、引越しの具体的な注意点、片付
けや洗濯など暮らしのきほんまで、「どうしたらいいの？」と
感じたときに、そのページを開いてみてください。

きっと、どうしたらいいかがわかるでしょう。

あなたのひとり暮らしが、実りのあるものになりますように。

本書に出てくるマークの凡例

専門家からのアドバイス。
特に注意すべき点の解説です。

Point　ひとり暮らしをする上で、
知っておくといいポイント。

センパイたちの体験談。
うまくいったこと・失敗したこと、
きっとあなたの参考になります。

注意点　ひとり暮らしならではの、
気をつけるべき点です。

memo　よりくわしく知っておきたい
内容を解説しています。

※本書に掲載しているのは2024年12月時点の情報です。自治体によって異なるものもあります。

1章

実例編

みんなのひとり暮らし

ひとり暮らし……といっても、人によってさまざま。ひとり暮らしだからこそ追求できる、趣味、インテリア、節約、ライフスタイルなどなど、「自分らしいひとり暮らし」。本章では、センパイたちの「ひとり暮らし」をのぞいてみましょう。

実例 1

ミニマリスト　趣味

好きなものだけで心地よくミニマリストの暮らし

Woody さんが暮らす8.4畳の1K。所持品の量を最低限に抑えた結果、本当に自分が好きなものだけに囲まれた心地よい空間が生まれました。

1LDKから ものを減らして1Kへ転居

親に甘えずに独立したいという思いが強く、高校を卒業して働き始めると同時に憧れのひとり暮らしをスタートさせたというＷｏｏｄｙさん。数カ月間、会社の借り上げ寮でひとり暮らしをした後は、10代から物件探しと転居を重ねてきました。

そんなＷｏｏｄｙさんの直近の転居は、ものがあふれ返った１ＬＤＫから、今暮らしている１Ｋへの引越しでした。

「服がクローゼットからあふれてしまったので、まずは入り切る量まで減らすことにしました。

data file

- Woody さん
- 男性　30代
- 社会人
- 1K（8.4畳）
- ひとり暮らし15年目

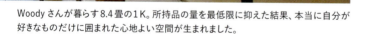

今ではクローゼットの中の服は数えるほどです。それをきっかけに、2〜3年かけて徐々にものを減らしていき、ミニマリストになったんです。荷物が減って、広い部屋が必要なくなったので、1Kの部屋に引越すことにしました」

ものが少なければ好条件の部屋に住める?!

持ち物の8割ほどを手放し、今の家に引越したWoodyさん。ものが少ないことで、好条件の部屋に住め、引越しもスムーズだったそうです。

「専有面積の広さや収納の充実といった条件をある意味無視して部屋を探せたので、家賃や立地などに関して、満足いく物件を見つけることができました。そして、引越し自体も、たった

インテリアにはこだわりがあるWoodyさん。「自分の好みにちゃんと合っているか？ を重視してものをそろえています。木の色に無機質なブラックを合わせるのが好きなんです」。

いったん、極限までものを減らしてから、数年間かけて少しずつ家具なども買い替え、今の心地よい空間を生み出しました。

の3時間で準備が終わり、とても楽でした」

本当に好きなものだけで心地よく暮らす

ミニマリストとなったWoodyさんは、本当に自分が好きなものだけに囲まれた、心地よい空間で暮らしています。

何かを買う前に、本当に必要か？ をじっくり考えるようになったため、無駄遣いが減り、自分に本当に必要なものを吟味することは、結果的に自分自身を見つめ直す時間にもつながりました。

さらに、苦手だった掃除や片付けが最小限で済むようになり、ものを探したり、消耗品のストックを重複して買ってしまったりということもなくなりました。生活全般が効率的になり、

教えてセンパイ！

Q1 物件探しでの失敗談はありますか？

家賃の安さだけで物件を選んで後悔したことがあります。格安の部屋に実際に住んでみたら、エアコンや電気コンロの設備が古くて電気代が高くついたり、周辺環境が騒がしすぎて耳栓をしないと眠れなかったりという失敗をしたことがありました。

Q2 住んでいる物件のメリットとデメリットは？

窓が多いので日当たりがよく、換気もバッチリなところ、1Kの割にキッチンが広いところ、暮らしやすい周辺環境がメリットです。デメリットは、4階に住んでいるのですがエレベーターがないところです。でも、「これがいい運動になっている！」とポジティブに考えています。

Q3 物件探しで外せない条件は？

以前、玄関チャイムが鳴って、のぞいたら知らない人が立っていてゾッとしたことがあったので、オートロックの物件。それから窓を開けると通行人と目が合うようで気まずかったので2階以上の物件。この2つが個人的には外せません。

ミニマリストとはいえ、撮影機材は所有しています。“ものを持ちたくないからやりたいことを諦める”というのは違うと考えているので、趣味に必要なものなどは厳選して持つように。

好みが変わるなどで着なくなった服は、フリマアプリなどを利用して、極力「捨てる」以外の方法で手放すようにしています。

時間にもお金にも、そして気持ちにも余裕が生まれたのです。

その結果、趣味や読書、勉強などに使える時間が増え、日々の生活がより楽しく、充実したものに変わりました。

「部屋はものの保管場所ではなくて、大切な自分の居場所なんです」。そう話してくれたWoodyさんに、最後にこれからひとり暮らしをする人へのアドバイスを聞いてみました。

「“自分にとって心地よい”は、人それぞれ。家具や家電は高価ですし、1回買ってしまうと処分にもお金と労力がかかります。『生活するにはこれだけのものが必要』という固定観念にとらわれず、本当に必要なのは何かをしっかりと考え、自分の好みを厳選しながら少しずつ増やしていくといいかもしれません」

実例
2

料理 節約 趣味

4畳半の和室で楽しむ レトロなスローライフ

昭和レトロな雰囲気に包まれた4畳半の空間には、あやめさんの大好きなものがぎゅっと詰まっています。

data file

あやめさん
女性 20代
社会人
1K（4.5畳）
ひとり暮らし3年目

シェアハウスを経て ひとり暮らしをスタート

築40年、15平米、都内でありながらお値打ち価格の1Kで、4畳半の和室暮らしを楽しんでいるのがあやめさん。

関西の芸術系大学を卒業後、地元で舞台役者や声の仕事をしていましたが、次第に活躍のステージが東京方面に増えてきました。そこで、思い切って都内へと移り住むことにしたのです。初めての東京暮らしは男女10人ほどが暮らすシェアハウスで、仕事の区切りでいったん実家に戻った後、再び上京。今の物件で初の本格的なひとり暮らしを

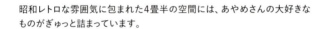

教えてセンパイ!

Q1 物件選びの条件で譲れない点・妥協OKの点は?

譲れない条件は、2口コンロと大きめなシンクのある使いやすいキッチンがあること、水回りの清潔感、バルコニーがあること、洗濯機置き場があることの4点です。

逆に妥協してもOKとしたのは、築年数の古さ、バス・トイレ別、洋室じゃなくてもOK、自分で工夫するので収納が少なくてもOK、最寄り駅からの距離などです。

Q2 住んでいる物件のメリットとデメリットは?

メリットは、なんといっても居心地のよさです！　大家さんと密にコミュニケーションが取れるアットホームな感じや、ご近所付き合いもあるあたたかさがとても気に入っています。それから日当たりがいいのも◎。

デメリットは、強いて挙げればですが、コンパクトなので家具などのレイアウトに限界があるところ、特に不便を感じてはいませんが、洗濯機置き場がバルコニーにあるというところです。

ライブも行っているあやめさん。仕事道具のギターもインテリアの一部のようです。

キッチンの棚や収納はDIY!　俳優の仕事で舞台装置づくりを間近で見てきた経験からアイデアが浮かびました。

スタートさせました。

初のひとり暮らしとは思えないほどに丁寧な暮らし方が板についているあやめさんに、お話を伺いました。

決め手となったのは大家さんの人柄

シェアハウスでの生活は、友達もでき、孤独を感じることもなく、お互いに助け合うこともできて、とても居心地のいいものでした。でもその一方で、やはり若干、同居人に気を遣ってしまうことも……。

「私にはひとり時間も必要!」と気づいたあやめさんは、東京の中でも落ち着いた環境のエリアを中心に物件探しを開始。そして、町の雰囲気や大家さんの人柄が決め手となり、今の物件に住むことを決めました。

バルコニーのスペースも有効活用！　プランターで花や野菜を育てているほか、カバーをかけて洗濯機を置いています。

あやめさんの部屋で収納に大活躍しているのがリンゴ箱。サイズが統一されているので組み替えも簡単！

テレビは置かず、DVDなどはプロジェクターを使って壁に映し出しています。

実際に暮らしてみると、日当たりのいい4畳半の和室は予想以上に快適で、レトロな雑貨や昭和の古き良きものが大好きなあやめさんにはぴったりでした。あまりの住み心地のよさに、ここを訪れたシェアハウス時代の友人が同じ物件に引越してきたほど。ご近所付き合いができる人情味あふれる地域性もお気に入りで、しばらくはここに住み続けようと考えています。

4畳半の和室はお気に入りの詰まった秘密基地！

部室には、所狭しとあやめさんのお気に入りのものが並びます。和風やアジアンテイストの雑貨、たくさんの本やアロマグッズ、ハーブティー、ジブリ作品や『ハリー・ポッター』シ

教えてセンパイ！

Q3 ひとり暮らしをしていて、怖い思いをしたことはありますか？

そこまで困った経験はないのですが、地震や台風のときなどは心細い気持ちになります。今の物件に移る前のひとり暮らしはシェアハウスでしたし、今は近所に友達が住んでいるので、いざというときには助け合える安心感があります。

実家から遠く離れてのひとり暮らしなら、日頃から大家さんとコミュニケーションを取ったり、近くに知り合いをつくっておいたりすれば、いざというときに安心できるのではないかと思います。

Q4 家事（料理以外）は、どのくらいの頻度でやっていますか？

自由業なので、仕事のスケジュールに合わせて、無理のない頻度で家事をしています。とはいえ、たとえば洗濯物があまりたまってしまうと自分が困ってしまうので、仕事が忙しいときには気分転換のために家事を行うなどしています。

料理に関しては、ただおなかを満たすのではなく、料理の過程そのものも楽しみたいということもあり、比較的時間をかけて丁寧な食生活を送っています。

広くはない部屋でも、好きなものだけに囲まれた、丁寧で心地よい暮らしをしています。

竹製のせいろを電子レンジ代わりにしたり、鍋でごはんを炊いたり。ひと手間かけた豊かなスローライフを実現！

リーズのグッズなど……。

収納に活用しているのは木製のリンゴ箱で、丈夫で組み替えも容易なところ、引越しをする場合も、そのままフタをすれば運び出せるところがポイントなのだと教えてくれました。

節約を心がけつつも豊かで幸せな生活

自由業ということもあり、基本的には節約生活を心がけているあやめさんですが、身の丈に合った今の暮らしには幸せや喜びがたくさんあると話します。

「暮らしの軸は衣食住ですよね。それらを大切にして、植物の生長や空の様子に感動できる自分でいたいんです。毎日の生活を丁寧に、ゆったりと楽しめれば、ずっと豊かで幸せに暮らせるんじゃないかと思っています」

実例
3

ペット　料理　趣味

ペットに癒やされる暮らし 1週間分のお弁当づくりも

明るい色調のフローリングに、白一色に統一した家具。大好きな小物をたくさん配置したお気に入りの部屋。

data file

rさん
女性
社会人
1LDK
ひとり暮らし6年目

愛するペットと暮らす自分好みの空間

1階、角部屋の広めの1LDKで、犬、ウサギ、魚と一緒に暮らしているのが、アラサー会社員のｒさんです。彼女がひとり暮らしを始めたのは19歳のときでした。「自立しよう!」と思ったことがきっかけで、小学生の頃から料理などはしていたので不安はなかったといいます。

ｒさんは今、ペットの飼育が可能な物件に暮らしています。実家で犬を飼っていたこともあって愛犬家であり、犬と暮らすのが夢でした。ひとり暮らしをして3回目の引越しで、つい

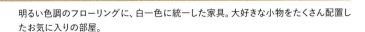

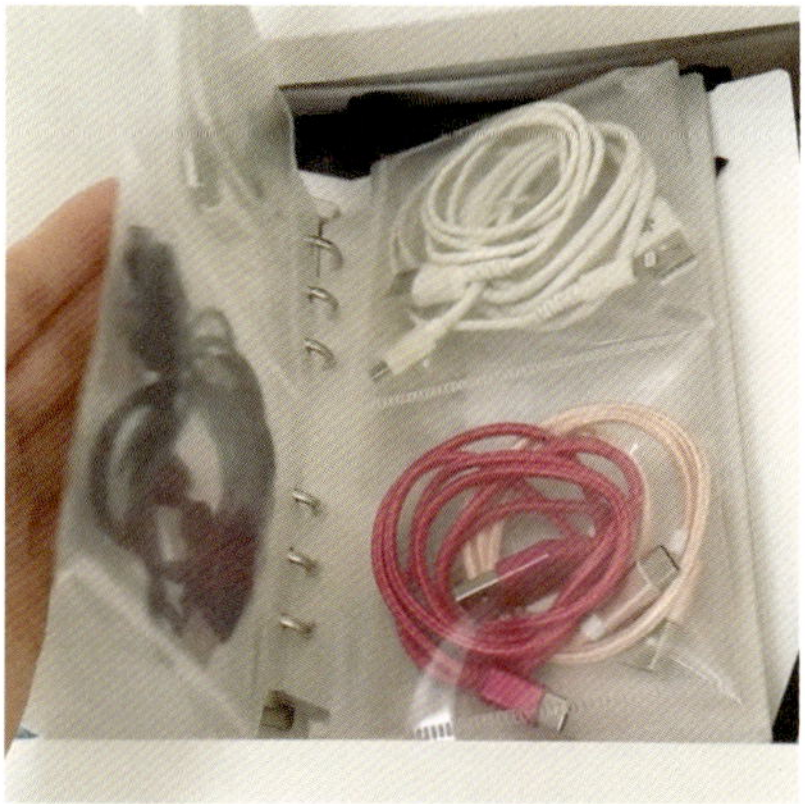

ファイルにケーブル類を収納。100円ショップのグッズやプチプラアイテムを上手に使って、収納の工夫をしています。

韓国風や北欧風の雑貨がありますが、見せる収納で素敵に飾って居心地をよくしています。

犬（シーズー）の「もずく」、ウサギ（ホーランドロップイヤー）の「ごま様」がrさんの愛する家族たちです。

にその夢をかなえたことになります。

今の物件に引越したのは4年前のことで、何件かの内見をした中で、この部屋の色調や広くて使い勝手のよさそうなキッチン、窓が二重サッシになっていることなどにひかれて即決したそうです。

ほれ込んだ物件に、明るい色味とお気に入りの小物を配置してでき上がったrさんの生活空間。部屋づくりのポイントや、ひとり暮らしで心がけていることは何なのでしょうか？

色を統一して部屋を自分らしくスッキリと

比較的、ものが多いという印象を受ける部屋ですが、家具を白一色に統一することで、全体をすっきりと見せることに成功

休みの日に5日間分のお弁当をまとめてつくって冷凍保存しています。

2つのコンロを駆使して、手際よく調理していきます。冷凍保存しなかった分はその日の晩酌のお供に。

しています。

　また、見せる収納と隠す収納のバランスも絶妙。コスメやインテリア雑貨などが、かわいらしくおしゃれな部屋を演出するのにひと役買っている一方、見えない収納スペースには趣味のネイルのアイテムやペットのためのグッズなど、たくさんのものがしまわれています。ものは多いものの、白で統一されたケースを使い、中身はラベルプリンターで明記しているので、必要なものはすぐに取り出せます。

使いたいキッチン小物でお弁当づくりをがんばる

　rさんはまた、自炊とお弁当づくりもがんばっています。

「以前、外食やコンビニ弁当ばかりの食生活を送っていたら、てきめんに体調を崩してしまい、

教えてセンパイ！

Q1 住んでいる物件のメリットとデメリットは？

メリットというか、この物件にした決め手が、広くて使いやすいキッチンです。それからゴミステーションがあってゴミが出しやすいところも◎。1階なのは人によってはデメリットかもしれませんが、私は下の階に住む人のことを気にしないでいいので逆に気に入っています。

Q2 ひとり暮らしをしていて、困ったことはありますか？

以前住んでいた物件で、他の部屋からの騒音がひどくてストレスになったことがあります。管理会社を通じて注意してもらいましたが、結局住み続けるのが嫌になって引越しました。

Q3 家事は、どのくらいの頻度でやっていますか？

仕事がある日はかなり忙しいので、料理も含め、家事は休日や休みの前の日にまとめてやる感じです。料理は好きなので、時間に余裕があるときは割とこまめにやっています。

キッチンの中でも特にお気に入りの一角がここ。ひとめぼれして買ったキッチン雑貨が並んでいます。

広々として使い勝手のいい、rさんお気に入りのキッチンです。

やっぱり自炊をしなくちゃ！と思うようになりました」

　キッチン小物にもこだわり、「これを使いたい！」とひとめぼれして買ったアイテムをいっぱいにそろえて、料理のモチベーションを上げているのだそう。ちなみに、およそ1週間分をまとめてつくったお弁当のおかずは、カップ容器に1食分を盛り付け、それを保存容器に並べ入れて冷凍しています。毎日無理なくお弁当をつくるための時短ワザです。

「自炊やお弁当づくりは、健康に楽しく暮らすためにも、ぜひ挑戦してみてください。そして、ひとり暮らしでホームシックになりそうなら、ペットをお迎えするのもおすすめです。愛するペットの存在が、毎日をいとおしいものに変えてくれますよ」

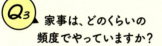

大きく日差しが差し込む明るいキッチン（奥）とリビング（手前）をひと続きにして使っています。

実例
4

インテリア　趣味

コーヒーの香り漂うこだわりインテリアの空間

data file

YU-TAさん
男性　30代
社会人
2DK
ひとり暮らし14年目

レトロな団地に憧れて即決した物件

デジタルクリエイターのYU-TAさんがひとり暮らしをしているのは、築54年になる団地の2DKの部屋です。

10数年前、通勤の利便性をよくするためにひとり暮らしを始めたYU-TAさん。しばらくは1Kの小さな物件に住んでいましたが、ある動画をきっかけに、レトロな団地での暮らしに憧れるようになります。ちょうどその頃、近所の騒音に悩まされて引越しを考えていたこともあり、団地に的を絞って物件探しを始め、憧れていた物件その

教えてセンパイ！

Q1 今の物件を探すのにはどのくらいかかりましたか？

2DKの団地でとても素敵なひとり暮らしをしている方の動画を見て、「これだ！」となり、すぐに似たような暮らしができそうな団地を探しました。ネットでいくつかの団地に目星をつけ、内見して即決でした。

11月に内見をして、その年の年越しは今の物件だったので、かなりスピーディだったと思います。

Q2 住んでいる物件のメリットとデメリットは？

メリットはなんといっても広いことと、築年数がたっているおかげで、家賃が相場に比べてかなり安いことです。駅や商業施設なども近く、立地もいいです。

デメリットは、古い物件のせいか湿気が多いこと、ゴキブリなどの害虫対策がマストなことの2つです。

同じ団地の方から梅雨時などは特にカビやすいと聞くので、毎朝起きたら換気をすることを習慣にし、また家具を壁にくっつけて置くのではなく、少し隙間を空けた配置にすることを心がけています。

夜の部屋はこんな雰囲気に。部屋の境界部分などに見られる、昭和レトロな物件の構造もインテリアを引き立てています。

YU-TAさんの趣味はコーヒー。こだわりの道具で焙煎して挽いたコーヒーをゆっくりと味わうのが至福のひとときです。

ままの間取りだという、今のURの賃貸団地に引越しを決めました。

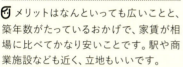

少しずつ好きな家具を集めて理想の空間に

もともとインテリアに興味があったというYU-TAさんは、実家からはほとんど何も持ってこず、空っぽの状態の部屋からひとり暮らしをスタートさせたそうです。そこから、ひとつひとつ吟味した家具をこつこつと買い足していき、お気に入りの空間をつくっていきました。

「家具は、ある程度、色数を絞ったほうがいいと思います」と話すYU-TAさんの部屋の家具は、濃い木目調とグリーンが8割。明るい白を基調としたこの家とマッチして、おしゃれな空間が生み出されています。ここ

昭和レトロな佇まいのキッチン。調理器具など、あえて「使っている感」を出すようにしているということ。古いタイプの換気扇も雰囲気があってお気に入りです。

造りは昭和な感じのお風呂ですが、追い焚きも可能で快適。窓があるのもお気に入りポイントです。

いかにも昭和の団地といった雰囲気の玄関には、DIY を施して使い勝手をよくしたシンプルな棚を置いて靴などを収納。棚の上にはアロマも。

に引越してくる前から使ってきた家具の多くは、仕切りを取り払ってひと続きにしたキッチンと5畳半のリビングに配置。そして、この物件にはもうひと部屋、ほとんど何も置かれていない和室があります。

「部屋数が増えたら、何も置かない部屋をつくると決めていたんです」というYU-TAさん。フレキシブルに使えるこの和室に椅子とテーブルを持ち込み、プロジェクターを使ってホームシアターを楽しむのが最高のひとときなのだとか。

「おしゃれな感じで暮らしたいと思ったら、ものは厳選したいですね。自分で管理できる範囲のものにとどめて、あまり増やさないように。間に合わせのものだとしても、いざ捨てるとなると大変かもしれませんし」

教えてセンパイ！

Q3 物件選びの条件でこれだけは譲れないのは？

前の家から引越しを決めた理由のひとつが、隣の家の騒がしさだったので、「防音性が高いこと」は譲れない条件です。今の家も、内見のときに全部の部屋の壁をトントンとたたいてみました。

Q4 家事は、どのくらいの頻度でやっていますか？

料理はほぼ毎日。掃除は朝に時間があるときに軽く掃除機をかけるのを習慣化しています。洗濯は週に1～2回ですかね。トイレ掃除も2～3日に1回、掃除が大変になる前にやるようにしています。

Q5 築年数の古い物件でも快適に暮らすコツは？

入居前の物件選びの段階で、物件のアンペア数やコンセントの数、インターネット環境などをあらかじめ確認しておきました。

実際に生活を始めた後は、湿気対策や虫対策として、換気や掃除をこまめにすることを心がけています。

リビングの一角にあるくつろぎスペースには、ひとり掛けのソファやブックラックなどを置いています。

あえて何も置かない和室。プロジェクターで壁に動画などを映して視聴することも。

不安があっても楽しむ〝自分の城〟での生活

昭和レトロな団地で過ごす今の生活がとても気に入っていて、今後は古い団地での生活の様子を発信することに力を入れていきたいとのことです。

「古い物件でOKなら、広さや立地などを相場よりも安い予算でも選べるようになり、住まいの選択肢が広がります。そして生活は自分の工夫次第で快適にできます！

今、ひとり暮らしに不安があるという方には『意外と大丈夫！』と伝えたいですね。2カ月もすれば〝自分だけのお城〟での生活にも慣れ、楽しくなってくるでしょう。どうせならインテリアも好きなものでそろえてみれば、より快適になると思います」

実例
5

節約　貯金　趣味

自分らしさを大切に 節約＆貯金生活

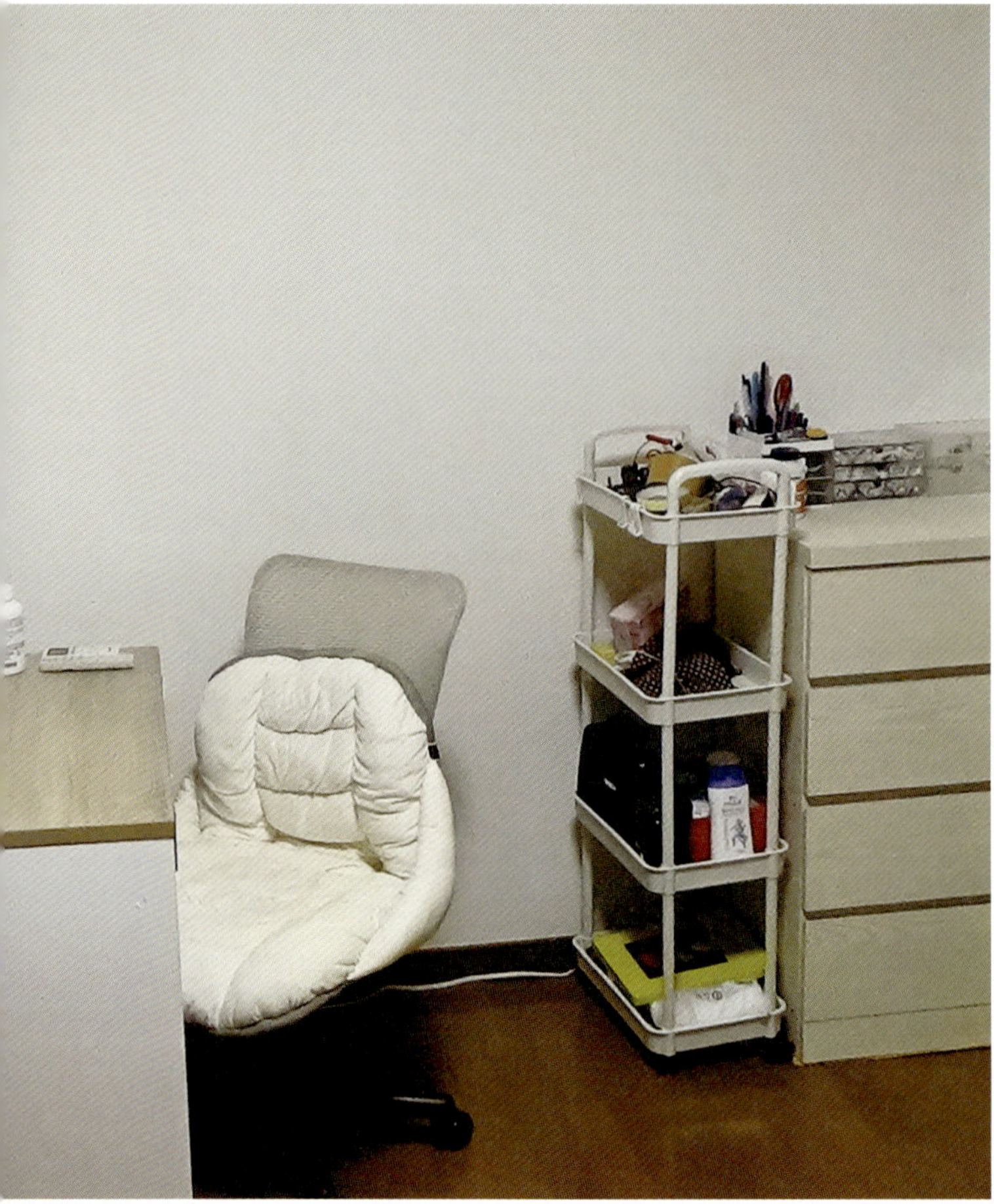

部屋のインテリアは、全体的に白で統一しています。「ものであふれた部屋ですが、自分らしくて好きです」

data file

- ういういさん
- 女性　20代
- 社会人
- 1K（7.5畳）
- ひとり暮らし8年目

20代ひとり暮らしで 1000万円の貯金

一般的に、ひとり暮らしは家族で暮らすよりも経済的には効率が悪く、貯金などもしづらいとされています。ひとり暮らしを始めたら、お金のやりくりが心配……という方も多いのではないでしょうか？

でも、ひとり暮らしをしている先輩の中には、なんと20代にして、1000万円の貯金に成功した人もいます。7畳半の1Kで暮らす、節約お姉さんういういさんです。

お金のやりくりや日常生活の心がけなどを伺ってみました。

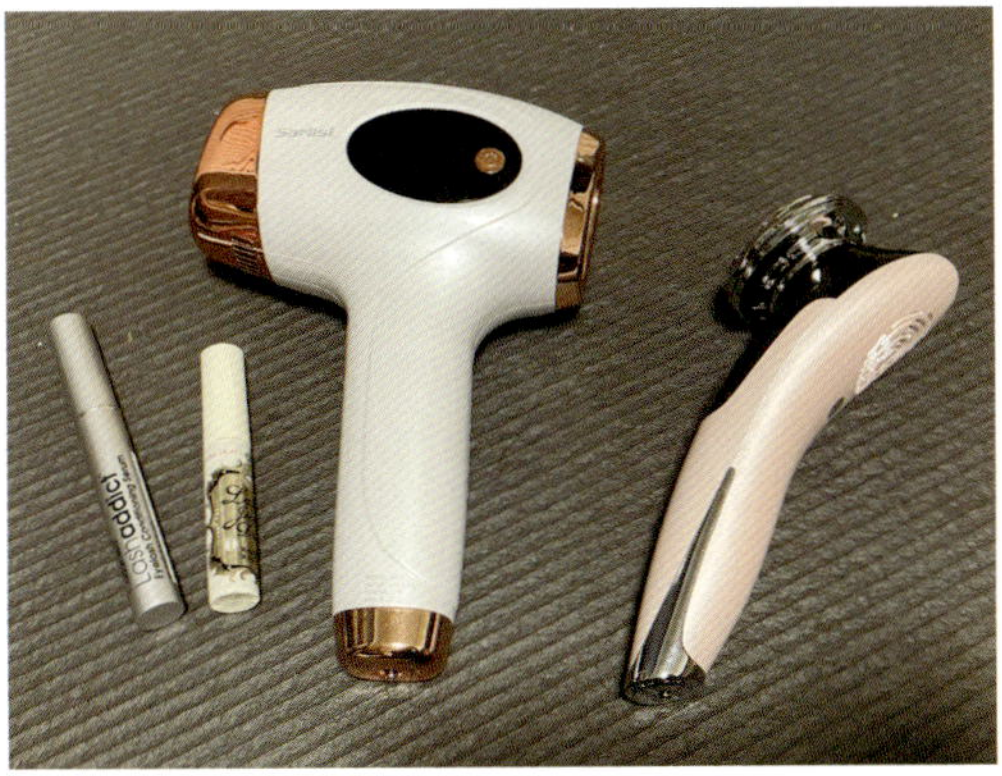

節約生活といっても、女子力の維持は忘れないういういさん。何もかも切り詰めるのではなく、美容関連グッズなどにはそれなりにお金をかけています。

ういういさんの節約生活の心強い味方が小型の冷凍庫。「ふるさと納税やまとめ買いしたものを、難なく保存できるセカンド冷凍庫です！」

心地よくいられる きちんとした暮らし

毎晩、家計簿をつけ、筋トレやストレッチ、足のマッサージを行ってから就寝することを習慣にしているういういさん。

その暮らしぶりは、しっかりと地に足が着いたものです。自炊をし、必要以上のものは買わず、掃除や洗濯も適切に。

そしてその部屋には、デスクと椅子、ヨガマット、脱毛器といった美容関係の家電など、1Kという部屋の広さにはそぐわないものもあります。

「自分の趣味と仕事が楽しくできるような部屋づくりを心がけています。ものは多いし、ミニマリストの方が見たら、叱られてしまいそうな部屋ですが、あるのはお気に入りばかり。私にとっては居心地のいい部屋に

教えてセンパイ！

Q1 物件選びの条件で譲れない点・妥協OKの点は？

2階以上、バス・トイレ別、Wi-Fi環境が外せない条件です。木造よりは鉄筋造りがいいかと思いますが、築年数が新しければ、そこは妥協してもOKかな。

Q2 住んでいる物件のメリットとデメリットは？

メリットは、無料のWi-Fiがあること、収納が大きいこと、契約を迷っていたら不動産屋さんが新しいエアコンをつけてくれたことです。

デメリットは、音が上下に響くことと、プロパンガスなこと。暮らしてみてわかったのですが、プロパンガスはガス代がかなり高くつくのです……。

Q3 節約のコツは？

まず絶対に必要なのが、家計簿をつけることです。支出だけでも書いておけば、自分の無駄遣いポイントや、ものの価格相場もわかります。また、無駄遣いを避けるために、寄り道はせずまっすぐ帰宅しましょう。

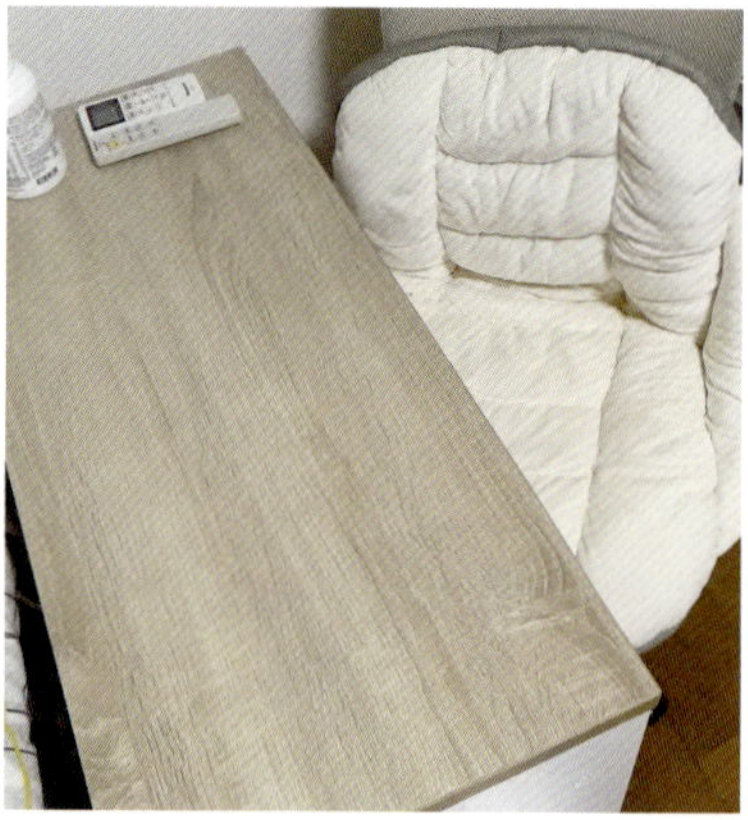

「もっと早く買っておけばよかった！」というデスク。購入してから、床に座っていたときよりも体が楽で作業効率が向上したそうです。

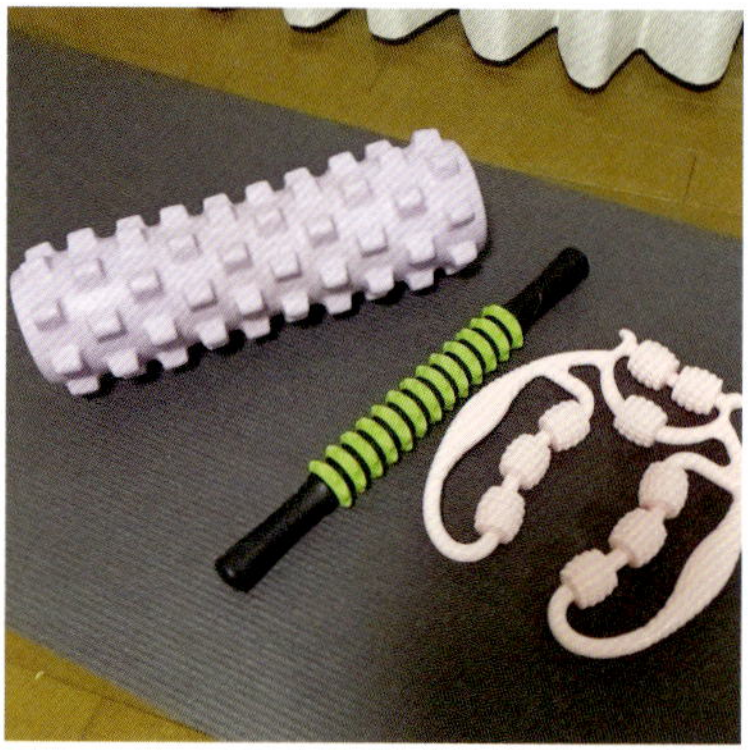

足痩せグッズやヨガマットなど。美容好きなういういさんには欠かせないアイテムです。

なっています」

お金の出入りを学ぶのは生活の必須科目

ひとり暮らしと節約生活を経て、ゆくゆくは起業したいと考えるようになったういういさん。自身の経験も踏まえ、ひとり暮らしは一度はしておくべき！と語ります。

「ひとり暮らしは、お金の効率は悪いですし、自分の収入の範囲内で暮らさなければならない厳しさもあります。でも、時間管理や資産管理、生活力など、大切なスキルが身につきます。いつまでも実家というコンフォートゾーンに身を置いたままでは成長できないので、ぜひ若いうちに挑戦してみてほしいと思います」

実例
6

料理　節約　趣味

プチプラアイテムで心地よくシンプルな暮らし

ゆでさんの仕事スペース。高さを変えられる昇降式のデスクと座り心地のいいゲーミングチェアにPC のみと、いたってシンプルです。

data file

ゆでさん
女性 30代
社会人
1LDK
ひとり暮らし13年目

無理なくシンプルに ゆるミニマリスト

ゆでさんがひとり暮らしをしているのは、築10年、34平米の1LDK。家賃およそ7万円の部屋です。

目指すは「ゆるミニマリスト」というゆでさん。無理をせず、心地よくシンプルな暮らしを追求しています。ミニマリストほど徹底的に持ち物を減らしはしませんが、それでもかなりのものを減らしました。

「ものを減らしたり、ごちゃごちゃしたものをきちんと収納したりすることで、自分の気持ちも整っていったんです」と話す

ベッドルームもシンプルに。カーテンを取り払ってブラインドにしたので、部屋がすっきりし、差し込む光の量も微調整できるようになりました。

プチプラアイテムを上手に活用して、すっきりとした収納スペースをつくっています。

部屋の印象を明るくしてくれる白い木目調の床は、実はジョイントマットを自分で敷き詰めたものでした。

ゆでさん。どういうことなのでしょうか?

プチプラアイテムでも心地よい空間はつくれる

ゆでさんが今の物件を契約したときには、内見ができませんでした。そのため、床の色、コンセントの位置など、住んでみてから気になる点も。それらは、少しずつ自分好みにつくり変えていったのだそうです。

たとえば昔ながらの茶色い床には白い木目調のジョイントマットを敷き詰め、ストレッチもしやすいクッション性のあるリビングに。寝室のカーテンはＤＩＹでブラインドにチェンジしてあか抜けた印象に。洗濯物の部屋干しをしやすくするために１００円ショップのアイテムも活用しました。心地よい空間は、手頃な価格のアイテムでも十分につくれるのです。

タイムマネジメントも無理なく自然体で

フリーランスで働くゆでさん。ここまで部屋が心地よいと、仕事モードへの切り替えが難しくはないのでしょうか？　それを問うと、「むしろ快適に仕事ができるようになりました。気分が乗らないときには、音楽を聴いたり、軽くウォーキングをしたりして気分転換をしています。あとはカフェで作業する日を決めて、目先を変えたりもしています」との答え。住まいを整えるようになって以来、自分の内面も整えやすくなったのだそう。

充実した幸せなひとり暮らしは、生活環境を整えることから始まるのかもしれません。

教えてセンパイ！

Q1 住んでいる物件のメリットとデメリットは？

日常の買い物をするのに便利なスーパーが近所に複数あり、徒歩10分くらいの場所にウォーキングのできる公園があるという生活しやすい環境がメリットです。また1LDKで2部屋あるので生活空間と寝室とを分けられるところも気に入っています。

デメリットは、コンセントの位置が少し使い勝手が悪いことと、お風呂に鏡がないところ、お風呂の壁が浮かせる収納などのできない素材なところです。

Q2 物件選びの条件で譲れない点・妥協OKの点は？

以前、少し怖い思いをしたことがあったので、一番大切にしているのは防犯面の充実です。オートロック、カメラ付きインターホン、2階以上の部屋という条件は外せません。

逆に妥協してもOKと思っているのは駅からの距離です。歩くのは好きなので、とても歩けないというような距離でなければ、駅からの距離よりも他の条件を重視して物件を選んでいます。

油汚れが気になるキッチンは、白が基調のこの家で唯一、濃い目の色味になっています。

観葉植物を置くことで、部屋がより癒やしの空間になりました。

実例
7

ペット　DIY　趣味

猫ファーストでも人間も心地よく暮らす

「猫ファースト」のぽんひろさんの部屋。2匹の猫がのびのびと暮らせる工夫がたくさん詰まっています。

data file

ぽんひろさん
男性 30代
WEB関連
1LDK
ひとり暮らし12年目

猫も人間も快適に暮らす住まい

猫と暮らすためにペット可の物件に引越して、もうすぐ7年。「猫との住まいアドバイザー」「猫の育て方アドバイザー」でもあり、「猫と過ごすために毎日生きているような感じです」と話してくれたぽんひろさんの大切な家族は、２匹の保護猫、キジトラの「りく」くんと、白黒の「そら」くんです。

ぽんひろさんのひとり暮らしのこだわりは、「猫ファーストでありながら人の生活も我慢しないこと」。猫も人間も快適な、ひとり暮らしの工夫について教

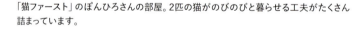

自称「脱走恐怖症」のぽんひろさん。ホームセンターで2×4材などの材料を購入して脱走防止扉をDIYしました。

ひとり暮らしですが、2匹の猫と一緒に寝るためにダブルベッドを使用しています。それでも端に追いやられてしまうことも……。

どうしても気になる猫の排泄物の臭い。急速冷凍で臭いをシャットアウトするゴミ箱を使っています。

外出中に猫が寂しがっているかも……？　心配になって2匹目をお迎えすることに。

えていただきました。

快適さを追求した居心地よく清潔な空間

ぽんひろさんが暮らしているのは、50平米の1LDK。その空間は、猫を飼っている人ならではの工夫でいっぱいでした。

猫と一緒に快適に寝るためのダブルベッド、猫がケガをしないように転倒防止の工夫を凝らしたキャットタワー、などなど。

もちろん、自身の快適さや安心のための対策も。たとえばキッチンは、猫がやってくると危ないし料理に集中できないのでDIYで侵入防止柵を作成。どうしてもにおいや砂の飛び散りが気になる猫のトイレはさまざまなタイプを試行錯誤して理想のタイプを追求。観葉植物も、倒されないようにガードしてい

教えてセンパイ！

Q1 物件探しにはどのくらいかかりましたか？

A 決まるときはすぐに決まります。長いときでも2カ月程度です。

Q2 住んでいる物件のメリットとデメリットは？

A メリットは広いこと、鉄筋コンクリートなので静かなのと、猫が外を眺められる出窓があることです。ただ、広い分、冷暖房代はどうしても高くなってしまいます。

Q3 ひとり暮らしをしていて、怖い思いをしたことはありますか？

A 具体的に怖い経験は特にないですが、たまに、猫を残して突然死してしまったらどうしよう……と不安になることがあります。仕事も家でひとりでしているので、気づいてくれる人がいません。

Q4 家事は、どのくらいの頻度でやっていますか？

A 簡単な掃除はだいたい2日に1回程度、洗濯はたまったらやる、という感じです。

DIYで作成したテレビ台兼キャットウォーク。人にも猫にも活用できる工夫です。

トイレの猫砂を部屋中に散らかされないために、ぽんひろさんはトイレの配置と向きを工夫し、さらに出口にマットを敷いています。これで猫砂問題がかなり解決したそう。

ます。

白とベージュが基調の空間に、家具はブラウン、家電は黒で統一した部屋。そのきれいさをキープするために、サッと取り出せるハンディタイプの掃除機を活用しているそうです。

自らも快適に暮らせているからこそ、猫たちにもしっかりと愛情を注げるのでしょう。

保護猫活動も行い 将来はキャットハウスを

ぽんひろさんの将来の夢は、ズバリ自分の理想の家、人も猫も幸せな家を建てること！ 人間の一方的な都合で保護猫となった猫たちを救いたいのだそう。

たくさんの愛情をもらって幸せそうな2匹の姿を見ていると、その夢がかなうのも遠い未来のことではないような気がします。

2章

準備編

ひとり暮らしを始める前に

さて、いよいよひとり暮らしをすることが決まりました。……何から始めたらいいのでしょうか？本章では、住むエリアや物件の選び方から、実際に引越すまでの具体的な内容を紹介していきます。これであなたもひとり暮らしを始める準備がばっちりわかります！

準備
1

はじめに

ひとり暮らしまでのスケジュール

START

1〜3カ月前

情報収集

ひとり暮らしを始めることが決まったら、まずは情報収集からスタート！　不動産会社の前を通ったときに貼り出してある物件情報を見たり、インターネットで情報収集をしたりして、自分がしてみたいひとり暮らしをイメージしましょう。

→ P.38 〜 41

希望条件を決める

ひとり暮らしのイメージが少しつかめてきたところで、次は「こんな条件の部屋に住みたい！」を具体的にしていきましょう。住みたい街と家賃はもちろん、駅からの距離、設備、築年数なども大切なポイントです。

→ P.42 〜 51

2週間〜1カ月前

部屋の内見

ここぞという物件がいくつか見つかったら、いよいよ不動産会社に連絡をとって部屋の内見です。オンラインでの内見もできますが、やはり直接足を運ぶのがおすすめ。間取り図や写真ではわからない、水回りや収納スペースの使い勝手、日当たり、共有スペースや周囲の環境などをチェック。疑問や不安があったら遠慮なく聞くことも大切。

→ P.52 〜 55

物件決定＆申し込み

気に入った物件があったら、なるべく速やかに入居希望の申し込みを。入居申し込みは基本的に早い者勝ちなので、迷っている間に他の人に申し込まれてしまうということも。

→ P.58

まだ情報収集の段階でも、ときには「これ!!」と思える理想的な物件が見つかることも。ですが、そんな素敵な物件は人気で、すぐになくなってしまいます。不動産情報は鮮度が命。そうやって不動産情報を見る目を養うことも大切です。

2週間〜3週間前

入居審査

申し込みを行うと、次は家賃の支払い能力があるかなどを大家さんや不動産会社が確認する入居審査のステップに進みます。これには3日〜1週間ほどかかるのが一般的なので、この間に契約に必要な書類をそろえましょう。

→ P.58 〜 59

引越し方法を決める

新居が現在の住まいの近く、荷物が少ないなどの場合には、家族や友人に手伝ってもらっての引越しもアリ。引越し業者を利用する場合には複数の会社に見積もりを出してもらいましょう。

→ P.64 〜 65

1週間〜2週間前

住所変更の手続き

契約が完了し、入居日が決まったら、住所を変更するための手続きを。今住んでいる市区町村の役所で転出届をもらう、郵便局の転送手続きのほか、引越し後には運転免許証や銀行、携帯電話会社などの住所変更手続きが必要です。

→ P.74 〜 75

ライフライン手配

電気・ガス・水道といったライフラインの開通手続きは絶対に忘れずに。インターネット回線がついていない物件の場合はその手続きも必要です。

→ P.75

荷づくり・準備

意外と時間がかかるのが荷づくり。普段使わないものから少しずつ段ボールに詰め始めましょう。家電製品や家具などは新しいものを購入して新居に届くように手配するのも◎。

→ P.62 〜 69、72 〜 73

GOAL 当日

入居

PCや現金などの貴重品は自分で運ぶようにしましょう。また、新居の鍵を受け取ったら、荷物を部屋に運び入れる前に、部屋の床や壁に傷・汚れなどがないことも再チェック。

当日にCheck!

- ☑近所への挨拶
- ☑ガスの開栓の立ち合い
- ☑ライフラインの開通
- ☑生活用品の買い出し
- ☑その日の食事の買い出し
- ☑カーテンをつける
- ☑寝るスペースの確保
- ☑すぐに使うものから荷ほどき

ひとり暮らしSTART!

2月〜4月は引越し業者が混むので、業者利用なら予約は早めに。また、引越しから生活が落ち着くまでには意外と時間がかかるので余裕をもったスケジュールを。

準備
2

はじめに

初期費用の見積もり

ひとり暮らしにかかる初期費用を確認！

家賃や光熱費など、始めた後のことに目が向きがちですが、実はひとり暮らしは、最初のタイミングで最もお金が必要になります。**条件によっては入居までに家賃の5～6カ月分の金額がかかる場合も！**　物件を探すときに敷金・礼金の有無にも注目しておく、家賃が日割り計算になるなら入居のタイミングを工夫するなども大切。また、家賃もトータルコストで考えましょう。一般的に賃貸物件の契約期間は2年間。それ以上、同じ物件に住む予定なら、目先の家賃だけでなく更新料の有無も要チェックです。

契約時にかかる費用

ひとり暮らしをスタートさせるとしたら、実際、どれくらいのお金がかかるのでしょうか？　ここでは物件を賃貸契約する際にかかる費用について、一般的なところを見てみましょう。

前家賃	**1カ月分**	入居日によっては日割り家賃も必要になる
仲介手数料	**0.5～1カ月分＋消費税**	不動産会社に支払う手数料
敷金	**0～2カ月分**	借主が家賃を滞納したり部屋を汚損したりした場合に備えた保証金。退去時に返還されることも
礼金	**0～2カ月分**	大家さんへのお礼の意味で払うお金。返金はされない
保証会社費用	**最大1カ月分**	家賃を滞納した場合などに立て替える保証会社の利用料
火災保険	**1.5～2万円程度**	
その他		
鍵の交換費用	**2～3万円程度**	

引越しに伴う費用

新居で生活を始める前に必要なのが引越し。引越し代はもちろんですが、他にどのようなお金がかかるのでしょうか？

家具・家電代

10〜
15万円
程度

生活をしていくために必要な家具や家電製品はいろいろあります。照明器具やエアコンは物件によっては備え付けになっていることも。知人から不要品をもらい受ける、リサイクルショップも見てみるなど、こだわりのない部分では安く抑える工夫も必要。

引越し代

2〜
10万円
程度

自分たちで荷物を運ぶなら安上がりですが、友人などが手伝ってくれた場合にはお礼を忘れずに。業者を利用するならサービス内容と料金をじっくり吟味して。遠距離の引越しだと価格は高くなりがちですが、土日を避けるだけでも料金はずいぶん変わってきます。

生活用品代

2〜
5万円
程度

タオル、トイレットペーパー、洗剤などのこまごまとした生活用品を買いそろえるのにも、意外とお金がかかります。ないと困るものなので、リストをつくって買い忘れのないようにしましょう。

初期費用を抑えるなら、敷金礼金不要の「ゼロゼロ物件」、一定期間家賃が無料となる「フリーレント物件」、生活に必要な家具や家電が備えつけられている「家具付き物件」という選択も。ただし、その分家賃が相場よりも高かったり、退去時に原状回復費用を請求されたりすることもあるので、契約内容や条件はしっかり確認して。

準備 3

住まい探し

探し方いろいろ

インターネットの物件情報サイト

いろいろな不動産会社が扱う物件を検索できる「物件検索ポータルサイト」と、その会社が扱っている物件を検索できる「不動産会社のサイト」の2種類があります。まずは大まかな条件を入力して、物件の家賃相場などを把握していきましょう。

Point

たとえば「○○駅まで30分以内で行ける」という条件だとして、目的の駅の隣駅なら「駅徒歩15分以内」、少し離れた駅なら「駅徒歩5分以内」というように、条件をきめ細かく設定すると理想の物件が見つかりやすくなります。

注意点

特に土地勘のない場所に引越す場合、坂道や周囲の雰囲気など、写真やネット情報だけではわからないこともあるので、一度は直接、現地に足を運んでおくのがおすすめ。

memo

不動産業者は、「レインズ」というネットワークシステムを利用して物件情報を共有しています。つまり、基本的にはどこの不動産会社でも同じ情報を得ることが可能。自分が相談しやすい不動産会社を選びましょう。

住宅情報をまとめて検索できるアプリも！

物件を探そうと思ったら、まずは大手の不動産情報サイトを検索することになるでしょう。複数の不動産サイトの内容をまとめて検索することができる「賃貸物件検索 ニフティ不動産」というアプリもあり、家賃の相場などを把握するのにも便利。

条件に優先順位をつけて納得の物件選びを

予算に上限がない、あるいはよほどの幸運でもない限り、何もかもが理想とピッタリ！という物件を見つけるのは難しいもの。物件選びの際は、さまざまな条件の中から、「譲れない条件」「妥協できる条件」を整理しておきましょう。

また、**譲れない・妥協できるのどちらの条件にも、あらかじめ優先順位をつけておくのがおすすめ。**こうしておくと候補物件が複数見つかった場合に、即決することができます。せっかくいい物件が見つかったのに、悩んでいる間に他の人が契約してしまった……などという残念な事態を回避しましょう。

地域の不動産会社

物件を探すのにはインターネットを使うのが当たり前の時代ですが、それでも地域密着型の“地元の不動産屋さん”に行ってみるのもおすすめです。

Point

物件そのものの情報だけでなく、近隣の商店の情報やゴミ出しのルール、治安など、その地域とともに生きている不動産会社ならではの情報が手に入り、ひとり暮らしの不安も払拭できます！

注意点

基本的に、下見や内見、契約などは現地に足を運ぶことが多いです。現在住んでいるエリアから遠いなどであまり時間がとれない場合には要注意です。

こだわりの条件で探す

こだわりの条件に合わせて物件を探すこともできます。学生向けなら「学生会館」「学生寮」「下宿」、女性向けなら「女性専用物件」、ルームシェアなら「ルームシェア・シェアハウス専門サイト」で探してみても。

注意点

学生会館などは、門限が設定されていることもあります。また、ルームシェアやシェアハウスは家賃を低く抑えられる傾向にありますが、赤の他人と住むことになるので、自分に本当に合うのか、検討が必要です。

Point

学生会館や学生寮・下宿は食事付きの物件があることも。女性専用物件で安心したい、シェアハウスで友達をつくりたいなど、自分のこだわり条件がある場合は、それぞれの専門サイトで探してみるのも手です。

信頼できる不動産会社と出会うことが納得のいく部屋探しの近道です。問い合わせへのレスポンスが早く、疑問や質問にていねいに答えてくれたり、条件に合う部屋の提案をしてくれたりするところだと安心。一方で、他の物件ばかり勧めてきたり、申し込みや契約を無理に急かしたりするようなところはやめたほうがいいでしょう。

準備
4

住まい探し 物件情報の見方

物件情報の一例

コーポ・ド・ソレイユ　301号室

賃料	65,000円
管理費	2,000円
所在地	東京都三鷹市○○2丁目
交通 ❶	京王井の頭線 三鷹台駅 徒歩17分
間取り	1K （キッチン3帖、洋室7帖）
専有面積 ❷	25.92㎡
方位	南
所在階/階数	3階/4階建て
築年月 ❸	1985年3月（築40年）
構造	鉄骨造

種別	マンション
契約期間 ❹	2年間
更新料	新賃料1カ月分
設備 ❺	コンロ2口、ガスキッチン、ユニットバス、シャワー、給湯、エアコン、インターネット利用料無料、宅配ボックス、防犯カメラ、駐輪場あり
備考	保証会社利用必須

情報公開日○年○月○日 ❻
株式会社○○ハウジング
TEL：03-○○○○-○○○○
東京都知事（3）第00000号 ❼

❶物件の所在地と最寄り駅との距離。徒歩1分＝80mで計算されているので自分の足で歩いてみることも大切。

❷その部屋の住人のみが使用できる空間の面積。ひとり暮らし向け物件の標準的な広さは25㎡程度といわれています。

❸建物が完成した年月（経過年数）。ちなみに「新築」と表記できるのは完成から1年未満かつ未使用の物件のみ。

❹契約期間と更新料。この物件の場合、2年以上住むのなら新賃料の1カ月分の更新料がかかります。契約期間が切り替わる際に賃料が変わることも。

❺その物件の代表的な設備。ここにない情報を知りたい場合には問い合わせてみるといいでしょう。

❻物件情報が公開された日。再掲載のこともあるが、物件が賃貸に出されただいたいの日にちがわかります。

❼物件を扱う不動産会社の宅地建物取引業免許のID。( ) 内の数字が大きいほど営業歴が長いことを表しています。

物件情報をしっかりと〝読める〟ようになろう

ひとり暮らし向けの物件というと、家賃や築年数、立地条件以外はどれも似たり寄ったりに見えるかもしれませんが、基本情報や間取り図をしっかりと読み取ることができると、それぞれの物件の違いが見えてきます。たとえばエアコンや照明器具、ガスコンロなどが設備に含まれているかどうか、洗濯機置き場が室内にあるかどうかなどです。**基本情報と間取り図をしっかりチェックする**ことで、その物件のいい点、悪い点、内見する場合に確認しておきたいポイントがわかります。後悔しない物件選びのために、その情報の見方を理解しておきましょう。

間取り図の見方

ひとり暮らし向けの物件だと、間取り図を見てもあまり違いがわからないかもしれませんが、しっかりチェックしておきたいポイントは押さえておきましょう。

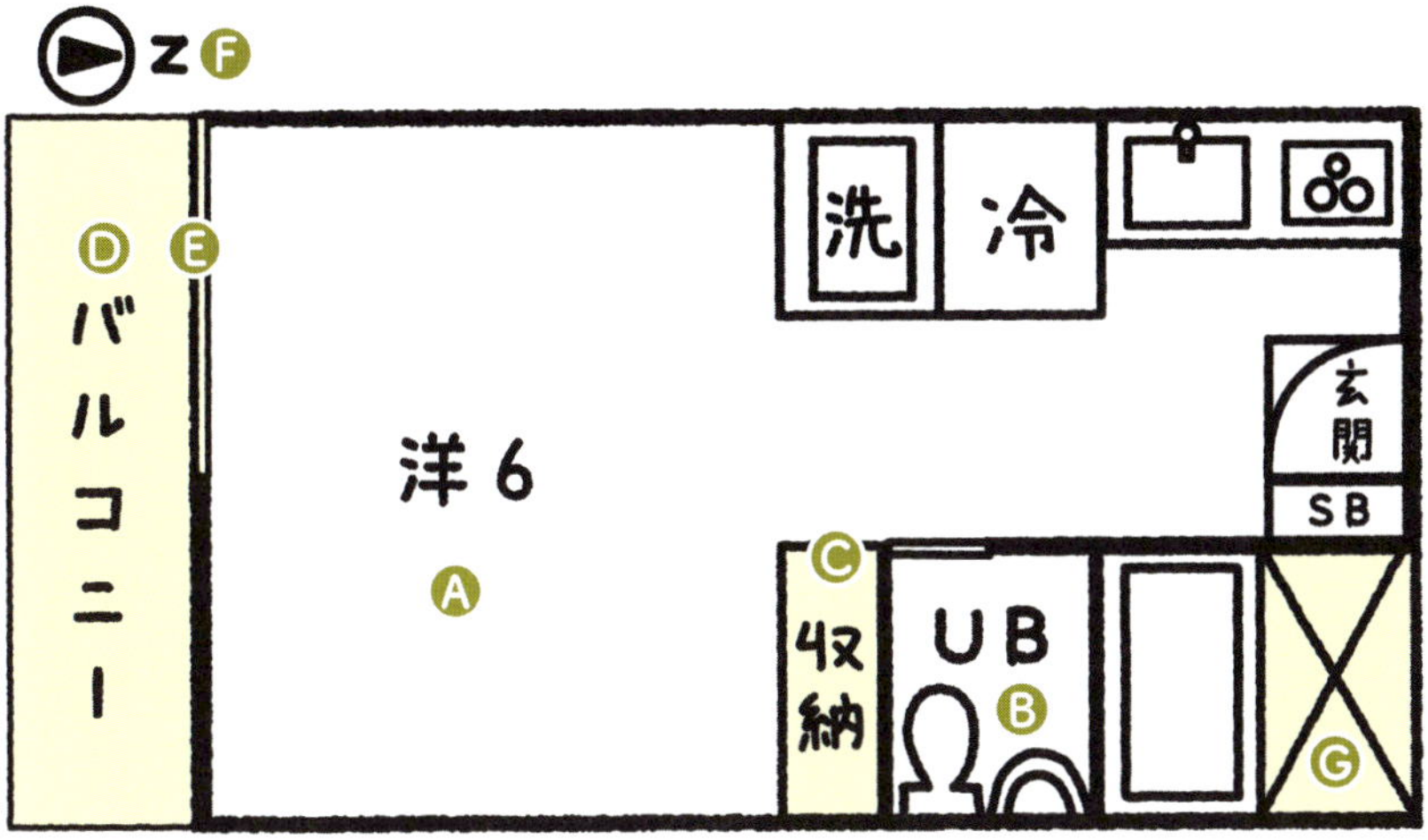

Ⓐ部屋の広さ
メインの部屋の広さで、「洋」の床はフローリングやカーペット、「和」なら畳敷きの部屋。数字は広さ（畳数）を表しています。1畳＝1.62㎡が目安とされていますが、京間（主に関西、中国地方、九州地方）では1畳＝1.82㎡、江戸間（主に関東地方）では1畳＝1.55㎡と違いがあります。

Ⓑバス・トイレ
UBとあれば風呂とトイレが一緒になったユニットバスのこと。広さはもちろん、脱衣所の有無や居室からの動線、洗濯機置き場との距離なども要チェックです。

1Kと1Rの違いって……？

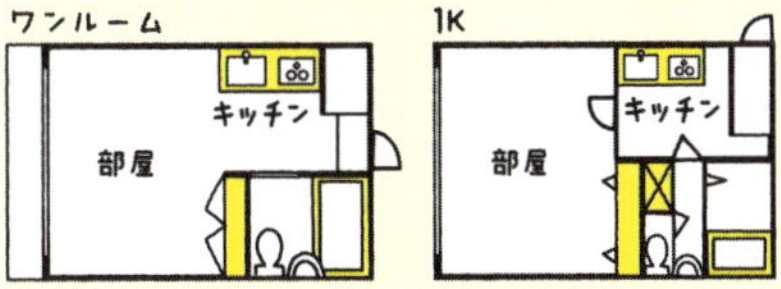

Rはルーム、Kはキッチンのこと。1Kと1Rの違いはキッチンと居室との間に仕切りがあるかどうか。1Kのほうが広くて居室をすっきりと使える場合が多いです。

Ⓒ収納
収納スペースが充実しているとすっきりと暮らすことができます。内見の際に、奥行きや高さなどもチェックしておきましょう。

Ⓓバルコニー
バルコニーがないと、常に洗濯物を部屋干しすることに……。また、洗濯機置き場がバルコニーにある場合、洗濯の時間に気を使うかも。

Ⓔ窓
窓の幅や床からの高さ、壁からの距離は超重要！　引越し前にメジャーで計測しておくのがおすすめです。

Ⓕ方角
方位磁針マークで示されている場合と、「南方向」などの表記の場合が。

Ⓖ柱、梁、コンセント、スイッチなど
間取り図では省略されることも多い情報ですが、壁や天井の出っ張り、照明のスイッチなどで家具が置けないなどということにならないように要チェックです。

住みたいエリアを考える

準備
5

住まい探し
条件その1「エリア」

趣味のアウトドアが気軽に楽しめて、しかも始発電車が出る駅だから座って通勤できる!

自然の豊かな環境で過ごしたい!

学校にもバイト先にも行きやすい駅を選んだよ。

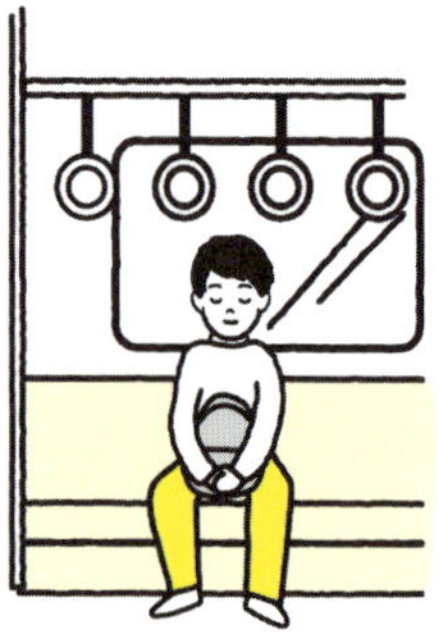

通学は毎日のことなので、乗り換えなしで通えるエリアがいいなぁ。

学校に近いのが一番!　友達を呼んで楽しく過ごしたい!

まずは「住みたいエリア」の候補を絞り込む

特に大都市圏では、選びきれないほどたくさんある、ひとり暮らし向けの物件。その中から漠然と探していくのでは、時間がいくらあっても足りません。そこで、**まずは大きく、「住みたいエリア」をいくつかに絞ってみる**ことがおすすめです。

暮らすエリアによって、毎日の生活は大きく異なってきます。利便性を追求するのか、おうち時間を大事にするのか、好きな街で暮らしてみたいのか……。**自分が大切にしたいことは何なのかを考えてみましょう。**

44ページからの「費用」と合わせて検討していけば、ひとり暮らしをするエリアのイメージが具体的になっていくでしょう。

エリアの条件例

都会派 or 自然派

暮らしてみたいのはどんな場所？　買い物や通勤・通学の利便性を重視し、にぎやかな場所が好きなら都会がおすすめ。一方で、自然に癒やされたい・落ち着いた環境が好みなら郊外エリアがおすすめです。

通勤・通学の時間は？

毎日通う学校や職場。移動にかかる時間の長さによって、生活のスタイルがかなり変わってきます。また、大都市圏だと満員電車での通勤・通学で消耗してしまうことも。早起きが苦手だったり体力に自信がなかったりするのなら、移動時間が短いに越したことはありません。

便利な路線や駅

大都市圏でのひとり暮らしの場合、どの路線に住むか？　も重要です。複数の路線が乗り入れていたり、急行や快速が停まる駅だったりすると便利。もしどこかの路線が止まってしまっても、他の路線で目的地へ向かうことができるからです。急行が停まる駅や始発駅、乗り換え駅などについてもチェックしておきましょう。

実家へのアクセス

特にひとり暮らしを始めたばかりの時期には、何かと実家に帰省する用事も出てくるもの。実家との行き来がしやすいエリアだと、自分にとっても家族にとっても安心です。

憧れのエリアに！

せっかくのひとり暮らしなのだから、思い切って憧れのエリアに住んでみる、という考え方も！　映画やドラマに出てきた憧れのあの街で、実際に生活している自分……。それだけで日常が少し特別になって、毎日を大切に過ごせるかも。

準備 **6**

住まい探し

条件その2「費用」

家賃は手取り収入の3割

ひとり暮らしを始めたら、家賃は毎月必ず支払うことになるお金です。無理なく支払える金額にする必要があり、一般的には手取り収入の3割以下が目安とされています。

交際費、交通費、スマートフォン代などの通信費、日用品の購入費、趣味に使うお金など。家賃を安く抑えることができれば、これらに使えるお金が多くなり、ゆとりをもって生活ができます。

memo

進学でひとり暮らしを始めるケースで収入が「仕送り＋アルバイト」となる場合、アルバイトの収入は「確実に働けそうな時間数×最低賃金」を目安に、無理のない現実的なラインで割り出しましょう。

ひとり暮らしは無理のない予算で

生活していくためにかかるお金の管理も、ひとり暮らしなら当然すべて自分でやっていかなくてはなりません。そこで大切なのが「**収入に見合った物件**」を選ぶことです。

いくら理想にぴったりの物件に住めたとしても、家賃が生活費を圧迫して生活が苦しくなってしまうのでは本末転倒です。

一般的には、**生活を圧迫しない家賃の金額は手取り収入の3割以下**だといわれています。家賃と管理費や共益費は毎月必ず支払わなければならないお金で、切り詰めることもできません。背伸びをせず、自分の収入に見合った予算の範囲内にある物件を探していきましょう。

家賃を左右する主な物件の条件

駅からの距離

一般的に、駅からの距離が近い物件ほど、家賃は高くなります。徒歩分数は1分＝80mを目安に割り出されているので、坂道などがあると実際とは異なる場合も。

エリア

人気の街や都心に近いエリアにある物件、複数路線が乗り入れている利便性の高い駅に物件がある場合などは、どうしても家賃が高くなりがちです。

広さ

当然のことながら、物件の広さ（専有面積）と家賃とは比例関係にあります。収納を工夫するなどすれば同じスペースでも広々と使うことが可能です。

セキュリティ

オートロックの物件や管理人常駐の物件はその分家賃が高く、また防犯の観点から1階の物件よりも2階以上の物件のほうが家賃が高くなる傾向にあります。

建物の構造

建物の構造がしっかりした物件ほど、家賃が高くなりがち。一般的には、鉄筋コンクリート造の物件が高く、軽量鉄骨や木造などの物件は安くなっているようです。

築年数

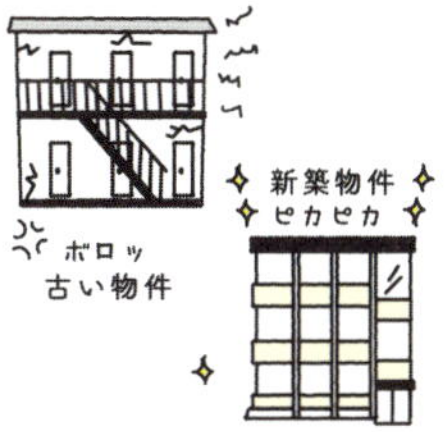

築年数が浅い新しい物件ほど家賃は高くなります。ただし、古い物件でも大規模修繕やリフォームなどによってきれいになっていることも。

いくら家賃を抑えたくても、相場よりも極端に安い部屋は要注意です。日当たりが非常に悪かったり、近くに墓地や歓楽街があったり、中には事故物件だったり、という場合も……。内見では物件の周辺環境もチェックしましょう。また、物件情報に「告知事項あり」の記載があるときは、必ず不動産会社にくわしい内容を聞いてください。

準備
7

住まい探し

条件その3「部屋」

住みたい部屋をイメージ

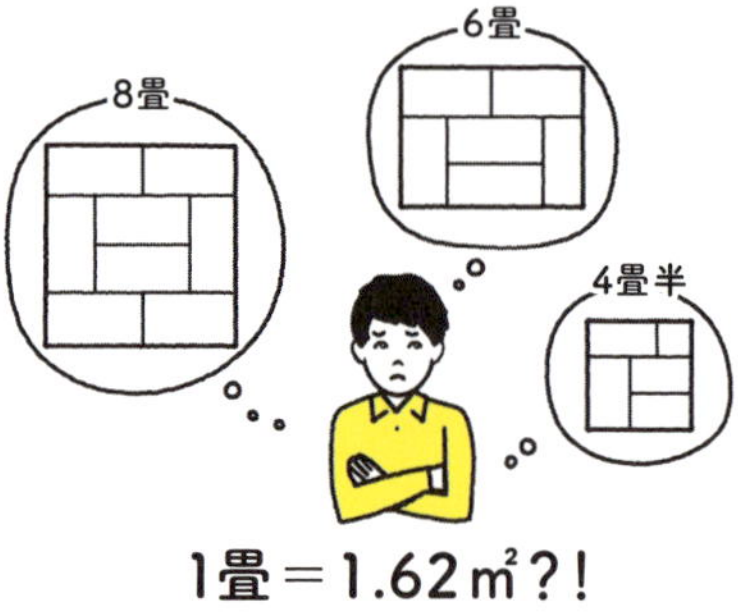

広さ

何も置いていないと広く感じる部屋でも、そこに家電や家具などを置くと意外と狭く感じてしまうことも。現在住んでいる自分の部屋の面積を調べてみると参考になります。

位置

防犯面などから2階以上にある物件が人気ですが、1階でもOKなら選択肢は増えます。また、プライバシーを保ちやすく風通しや日当たりもいいのは角部屋。3階以上ならエレベーターの有無も要チェックです。

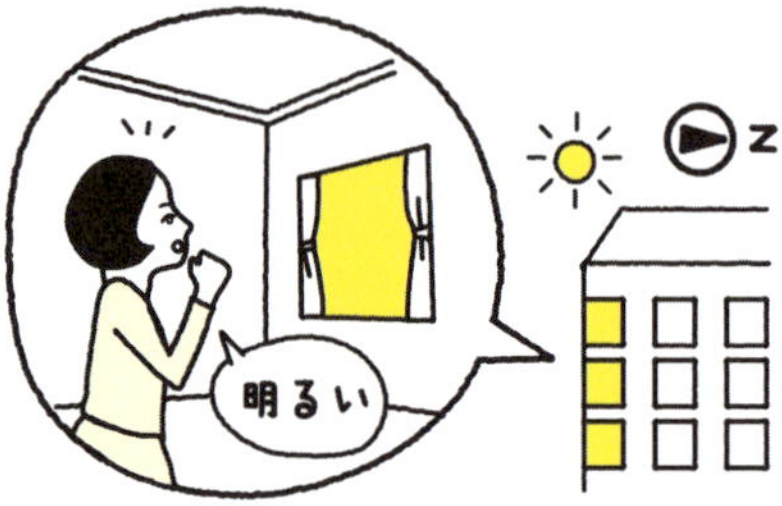

間取り

キッチンが独立している1Kなどの間取りは、料理のにおいなどが部屋のものに移りにくく、料理がしやすいというメリットがあります。その反面、家賃が高くなったり、同じ広さならその分、1Rに比べて居室が狭くなったりすることも。

具体的に物件を探し、検討していく段階

「エリア」×「費用」で、住みたい街の目星がついたところで、いよいよ具体的に「部屋」の条件から物件を絞り込んで探していくことになります。

ここで挙げたような項目を参考に、たとえば「家賃＋共益費で6万円以内、広さは20㎡前後で2階以上、2口コンロの物件」など、条件を絞りながら探していきましょう。検索サイトなどで**条件に合う物件にヒットしない・あまりにも少ないという場合は、予算がそのエリアの希望する物件の相場に合っていない**のかもしれません。そんなときは、1駅ずらしてみる、何かひとつ条件を外してみるなどすると、見つかることがあります。

バス・トイレ

ひとり暮らし用の物件だと、バス・トイレが一緒になったユニットバスも多く、洗面所まわりの収納が難しくなってきます。また、中には浴室の代わりにシャワーブースが設置されている物件も。

場合により重要な条件

防音

夜勤があるなど生活時間が人とずれてしまう人、音楽が趣味の人などは、防音のしっかりした物件がマスト。騒音問題はご近所トラブルの原因にもなりがち。

駐車場・駐輪場

駅までは自転車を使うという場合、日常的に移動手段がバイクや車という場合などは、駐車場・駐輪場が敷地内や至近距離にあるかどうかもしっかりチェック！　駐輪場が屋根付きになっていると、なおいいです。

ペット可

すでに犬や猫などを飼っている場合には、「ペット可」の物件を探しましょう。なお、ペットがいる場合には敷金や礼金が増えることが多い傾向にあります。また、「小型犬1匹のみ可」「猫のみ可」など細かい条件がついていることもあるので要注意です。

収納

専有面積が広くても、収納が少ない物件だとタンスや棚などを置く必要が出てきて、その分、部屋が広く使えなくなってしまいます。洋服や本、靴、趣味の道具などのものが多い人は特に気をつけたいところ。

キッチン

シンクと1口コンロのみというような簡易キッチンだと、現実的にはお湯を沸かせる程度で、自炊はかなり大変に。自炊をするならコンロが2口以上で、ある程度の調理スペースがある物件が◎。

ひとり暮らし向けの部屋によくあるロフト付き物件。屋根裏部屋のようでワクワクしますが、暑さ寒さが気になったり、昇り降りが大変だったりするため、使わなくなってしまうことも。同じ広さの部屋でもロフトがあることでゆとりがもてるというメリットはありますが、使いこなせるかはよく考えて。

準備 8

住まい探し

条件その4「環境」

生活パターンと合わせて周辺環境をチェック

ひとり暮らしをするのに、どんな物件に住むかはもちろん大切ですが、その物件の周囲の環境もとても大切。

たとえば、「帰りが遅くなるので24時間営業しているコンビニの近くに住みたい！」人もいれば、「近くにお店があると夜中まで照明や音が気になりそうで落ち着かない」人もいるでしょう。ついついコンビニに立ち寄ってしまい、むだづかいが増えてしまうということもあるかもしれません。**〝自分にとってうれしい環境〟は人それぞれ**なのです。周囲の環境と、自分の生活パターン・行動パターンを照らし合わせて具体的な生活を想像してみましょう。

環境 check point

利便性

- ☑ 買い物
- ☑ 飲食店
- ☑ 医療機関

食材や日用品の買い物ができるようなお店や、自炊の余裕がないときに頼れそうな飲食店などが近くにあると便利。また、医療機関も近くにあると生活がしやすくなります。

音

- ☑ 車や電車
- ☑ 工場
- ☑ 学校
- ☑ 幼稚園・保育園
- ☑ 公園

近くに交通量の多い道路や高速道路があったり、電車の線路が通っていたりすると音や振動が気になってしまうことも。学校や保育園、幼稚園などの近くでは、運動会などの行事の際の音楽や声援、部活の掛け声などが聞こえることもありそう。

その他

- ☑ 日当たり
- ☑ コインランドリー
- ☑ クリーニング店
- ☑ ゴミ出し
- ☑ よく使う道
- ☑ 娯楽施設

24時間ゴミ出しができる物件もありますが、逆にゴミの集積場が離れていたり、出す時間に制約があったりする地域も。洗濯はひとり暮らしなら、コインランドリーやクリーニング店を活用するのも一案です。また、見落としがちですが、駅までの道など、よく通ることになる道の様子も大切です。映画館、図書館、スポーツ施設、趣味関連の店などに行きやすいとひとり時間も充実するでしょう。

教えてセンパイ!

住んでよかった こんなところ

図書館の近く

駅に行く道の途中に区役所の出張所、図書館、地域センターが合わさった施設があります。手続き関係が便利だし、仕事帰りや休みの日に図書館に立ち寄れるので大満足です。

昔ながらの商店街のそば

近所に大きなスーパーやコンビニはありませんでしたが、近くの商店街が充実! 知り合いもでき、街に早くなじめて、お店や病院の情報も把握でき、さびしくないひとり暮らしができました。

工場横の格安物件

「日中は騒がしいですが……」といわれましたが、工場の近くの物件に住みました。仕事で帰りが遅くなるので、あまり音の影響はなく、家賃が格安だったので得した気分でした!

住んで後悔 こんなところ

同じビルに飲食店

1階に飲食店がある建物の3階に。おなかがすいたときなど近くて便利! と思っていたら、ゴキブリが飛んでくることが発覚! さらに、夏場などはにおいが気になることも……。

駅近物件のワナ?

駅から徒歩5分! と便利さを優先したのですが、夜になると路上飲みをしている人などがちらほら。帰りが遅いときには逆に遠回りして帰ることに……。

公園に隣接

緑が多いところで自然に癒やされてみたいと思っていたのですが、実際は鳥の鳴き声やフン害、虫対策などがとても大変でした……。

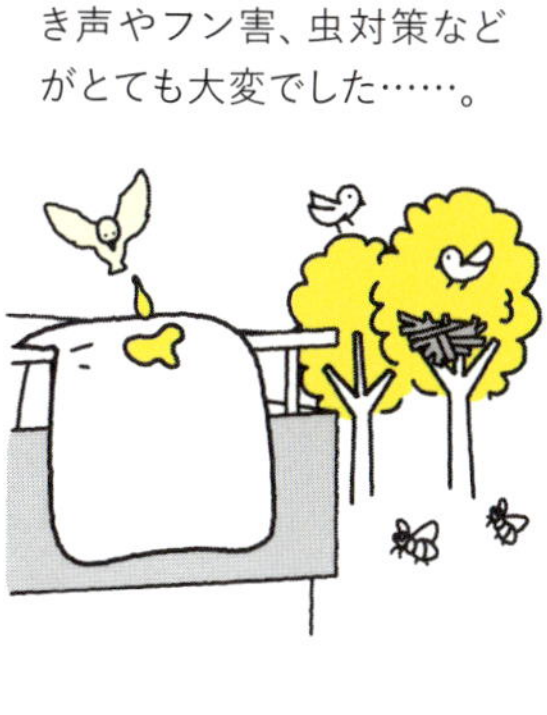

準備
9

住まい探し

条件その5「防災・防犯」

防災・防犯は大切！
他人事だと思わず対策を

いつ自分が当事者になるかわからないのが地震や洪水などの自然災害や火事です。万が一の際に被害が軽減できるような物件を知っておきましょう。また、無人の時間が長いため、空き巣被害にあいやすいなど、ひとり暮らしをしている世帯は犯罪に巻き込まれやすい傾向に……。**防災・防犯の対策はしっかりとしておくに越したことはありません。**物件選びの段階から、防災・防犯の観点を頭に入れておくことも大切です。なお、「ぼうはん日本」というWebサイトで地域ごとの犯罪の発生状況を調べることができます。エリアを絞ったあたりで一度チェックしておきましょう。

防災 check point

耐震性

地震大国の日本。しっかりとした耐震性のある物件に住みたいものです。1981年6月1日から新耐震基準（震度6～7の地震でも倒壊しないとされた）が施行となったので、築40年以内の物件ならまずはひと安心でしょう。

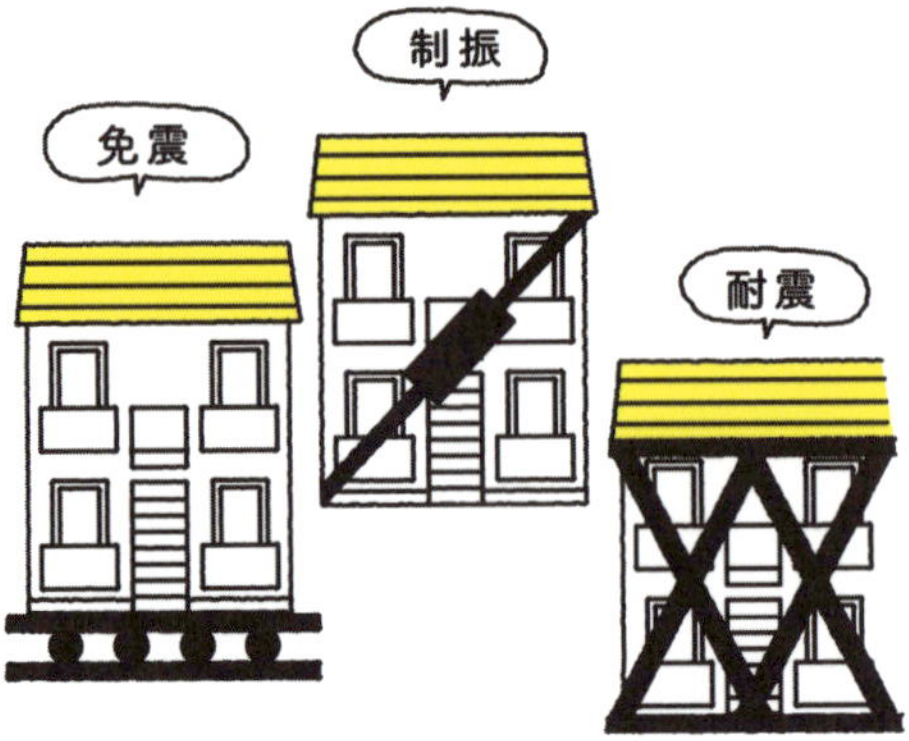

火災対策

スプリンクラーや火災報知器がついていたり、消火器が備え付けてあったりする物件を選ぶようにしましょう。また、火災保険にはぜひ加入を！

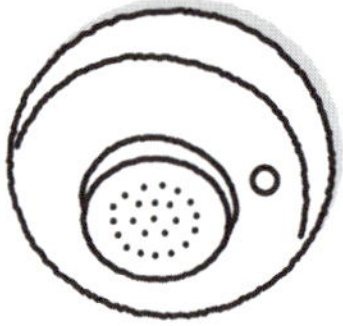

memo

古い木造住宅が密集している地域、道幅が狭い地域などは、火災のときにはより危険なことも。消防車や救急車などの緊急車両が入りにくかったり、延焼しやすかったりという弱点があります。

防犯 check point

狙われやすいのはこんな物件！

- ☑ 人通りの多い道に面していない
- ☑ 1階もしくは2階
- ☑ 植え込みなど、死角になる場所がある
- ☑ 塀など、侵入できる足場がある
- ☑ 管理人がいない
- ☑ ポストやゴミ置き場など、共有スペースが荒れている

防犯カメラ

今や多くの物件についている防犯カメラ。数は十分か、死角になっているところはないかなどがチェック項目になります。古い物件や規模の小さい住宅ではダミーカメラのことも。

鍵のピッキング

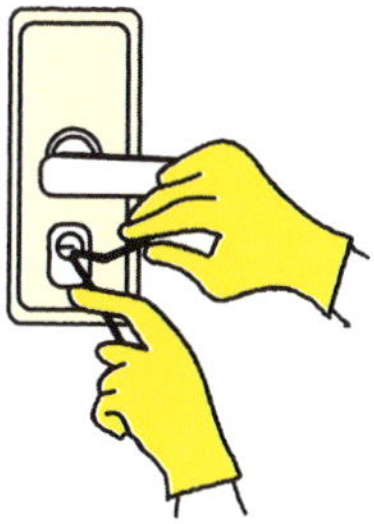

古いタイプの鍵の中にはピッキングがしやすい種類のものも。こういった場合、大家さんにシリンダーごとの交換を依頼するか、補助錠などの対策グッズの取り付け許可をもらいましょう。

建物のセキュリティ

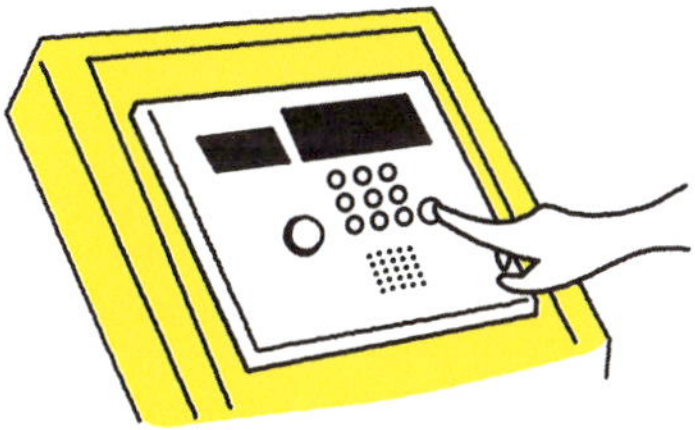

建物の中に入るために部屋の鍵が必要なオートロックの物件や、入り口に管理人がいる物件は、そうでない物件よりも比較的セキュリティは高いと考えられます。

オートロックでも……

オートロックの物件だからといって、油断は禁物です。住人に紛れて侵入することができるほか、オートロックの正面玄関以外に、駐輪場やゴミ置き場などを経由すると中に入れてしまう場合も……。抜け道がないかも確認したいものです。

 「ぼうはん日本」犯罪発生マップ：https://www.bouhan-nippon.jp/information/info-map/

準備
10

住まい探し

内見をしてみよう

部屋

いよいよ内見！　新生活への夢が広がるところですが、ここでは冷静に、細かな部分まで物件をチェックしましょう。

❶ 玄関

☑扉の建て付け
☑新聞受け
☑のぞき穴の状態

可能ならのぞき穴を外から見て中が見えないか、室内側の鍵と新聞受けの形状（外から鍵を開けられないか）なども見ておきましょう。

❷ バス・トイレ・洗面台

☑水の出方（水圧）
☑シャワーや追いだき機能の有無
☑カビ・においなど

水回りの3大チェックポイントは、水圧・におい・カビ。嫌なにおいがしたらNGなのはもちろん、水圧が弱いと何かとストレスになります。換気扇がある場合には、きちんと動くか、音がうるさすぎないかも確認しましょう。

❸ 洗濯機置き場

☑室内か室外か
☑防水パンはあるか
☑蛇口の高さ

見落としがちですが、洗濯機を購入するのに備えて蛇口の高さも測っておくと◎。

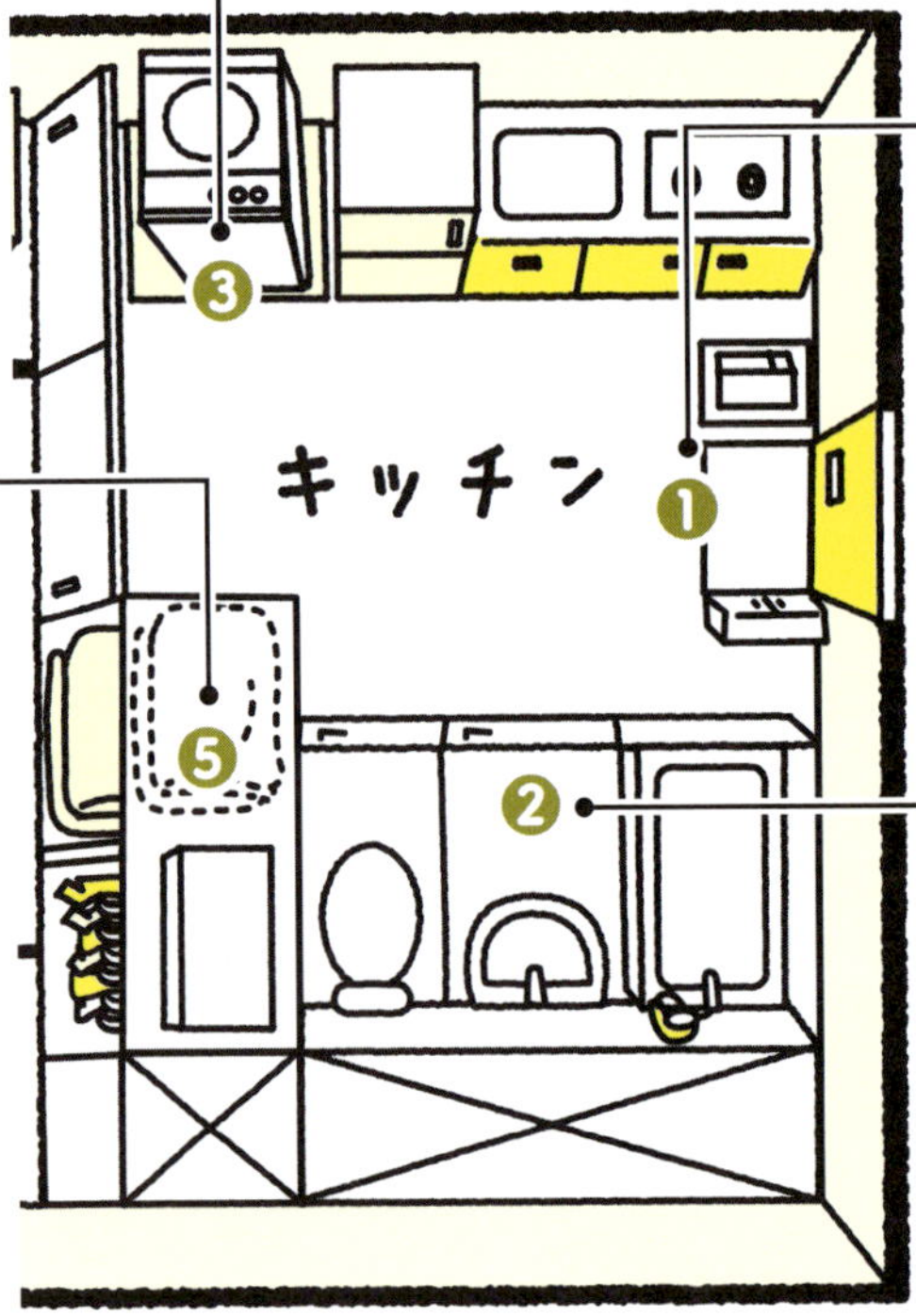

現地でしかわからない点を内見でチェック

条件に合った物件が見つかったら、いよいよ「内見」です。最寄り駅からの距離（徒歩分数）や周囲の様子を確認するだけでなく、物件そのものについても「現地でしかわからないこと」をチェックしましょう。

いくつかの物件を同じ日に内見するのなら、記憶が混乱しないようにメモを用意。**気になる箇所はスマートフォンで撮影しておくのはもちろん、可能ならメジャーも持っていきましょう。**

住んでみてから後悔！　などということにならないように、納得するまでじっくりと見ることが大切。少しでも気になることがあったら、遠慮せず担当者に質問しましょう。

❹部屋

- ☑変なにおいがしないか
- ☑天井に雨漏りの跡はないか
- ☑エアコンの効きと風の向き
- ☑風通し
- ☑窓の建て付け、網戸
- ☑壁の厚さ（隣の部屋の音など）
- ☑コンセント、テレビ端子の位置と数
- ☑床のきしみやへこみ
- ☑間取り図との細かな違い
- ☑照明器具の有無とスイッチの位置

間取り図があっても「現況優先」（実際と食い違いがあった場合に現在の状況を正とする）のことが多いので、各項目をしっかり確認しましょう。窓は開けてみて、風通しはもちろん、隣の建物と近すぎないかなども確認。コンセントは2カ所以上あると便利です。

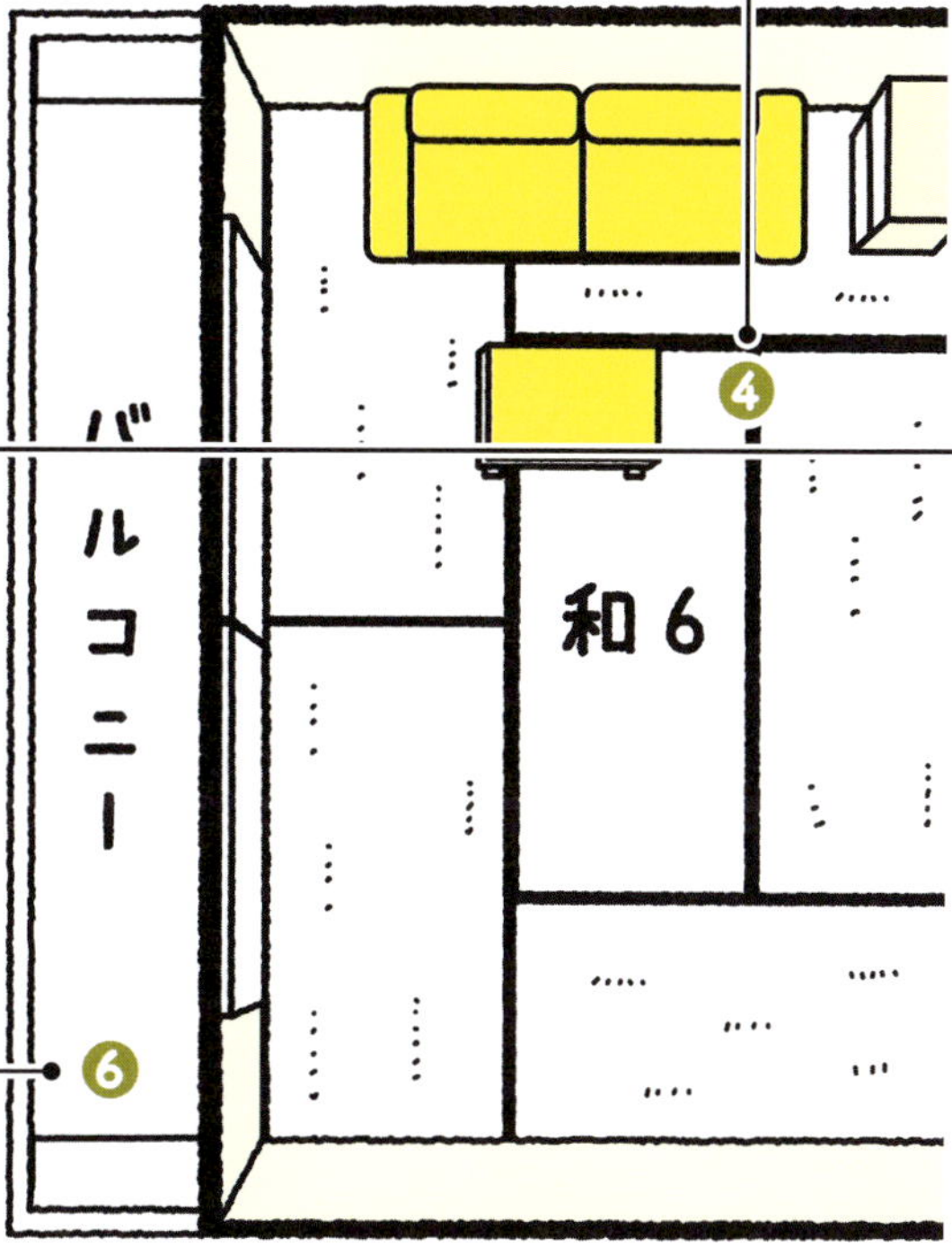

❺収納

- ☑位置と寸法
- ☑開閉方法　☑湿気

梁などが出ていないか、奥行きや高さは入れたい荷物に対して十分かなどをチェック。また、湿気がたまりやすい場所なのでカビなどがないかも確認しましょう。扉のある収納はそこに家具が置けないことも頭に入れておきましょう。

❻バルコニー

- ☑広さ
- ☑隣の建物との距離

バルコニーに侵入できるような足場がないか、洗濯物が干せるか（鳥のフンなどがないか、女性は外から取られないか）、日当たりや騒音などを確認しましょう。隣のバルコニーに灰皿やゴミが置かれていないかも要チェックです。

その他

- ☑情報サイトに写真がなかった箇所

写真がないということは、写真を出すことで悪いイメージをもたれるかもしれない箇所、ということも考えられます。他の物件では写真があるのに写真がないという場合は特に、写真のなかった箇所がどうなっているかをしっかりと確認しましょう。

共有スペース

汚れたり散らかったりしていないかで、住民のマナーがわかります。心地よく暮らせそうかを見ていきましょう。

郵便受け

きちんと鍵はかかるか、DM があふれているような郵便受けはないかなどを確認しましょう。宅配ボックスがあると便利です。

入り口

掃除が行き届いているか、管理人の常駐の有無などを確認しましょう。

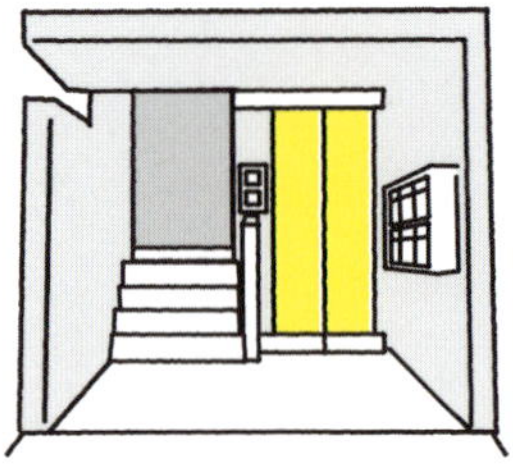

ゴミ捨て場

24時間ゴミを出せると便利。そうでない場合には、住民がマナーを守っているか、汚くないかなどを確認しましょう。

廊下、階段、エレベーター

掃除が行き届いているか、防犯カメラの有無などを確認しましょう。

周辺環境

物件そのものだけでなく、周辺の環境も大事です。この街で過ごす自分の姿がイメージできそうかを考えましょう。

駅までの道

「徒歩○分」は1分＝80m で算出した目安です。坂道や信号などで変わってくるので、実際に歩いて計ってみましょう。また、街灯が十分にあるかも要チェックです。

街の雰囲気

人通りの量や道行く人の雰囲気を確認しましょう。駅までの通り道に買い物が済ませられそうな商店などがそろっていると便利です。一方、工場などがあると音やにおいが気になることも。

準備 11

住まい探し

オンライン内見の場合

オンライン内見　確認項目リスト

☑部屋や収納の寸法
ベッドや机、本棚などを置きたいと思っている場所、収納スペースなどの高さや奥行き、天井の高さなどを確認。余計な梁や柱が出ていないかなどをチェックしつつ、寸法も実際に測ってもらいましょう。

☑コンセントなどの位置と数
コンセントやテレビ端子は近くと遠くの両方から映してもらい、位置と数を確認しましょう。

☑窓・バルコニー
担当者に窓を開けたりバルコニーに出たりして周囲を映してもらいましょう。自分からの眺望とともに、外から見られないか？　も確認します。

☑室内の設備と設置の可否
エアコン、温水洗浄便座、照明器具などがついているか、ついていなければ設置は可能かなどを確認しましょう。

オンライン内見なら納得いくまで質問を

近年、オンライン内見も増えてきました。不動産会社の担当者がビデオで映しながら物件を案内してくれるもので、**写真よりはわかりやすく物件の様子を知ることができ**、気になることは質問も可能です。おすすめは現地での内見ですが、遠方などで難しい場合には活用してみましょう。

memo

オンライン内見では、以下のことがわかりにくいです。

- 壁の厚さ（騒音、振動）
- 部屋のにおい
- 床の歩行感（きしみなど）
- 携帯電話の電波状況
- カメラに映らない小さな傷や汚れ
- 周囲の環境
- 共有スペース

準備
12

住まい探し

条件の優先順位を決めよう

こだわりを少し外せば いい物件が見つかるかも

予算の範囲内だと、理想の物件が見つからない……。そんなときは、**安易に予算を上げるのではなく、物件の条件を見直してみましょう**。

たとえば、「日当たりのいい部屋」という条件。平日の日中にあまり家にいないのだとしたら、実はこの条件にこだわる必要はそれほどないのかもしれません。また、築年数が古くても、リノベーション済みの物件ならば、築浅の物件と大差なく快適に過ごせることもあります。

自分の生活スタイルを考え、**どうしても必要な条件を絞り込み、優先順位をつける**ことによって、素敵な物件に出合える可能性がぐんと高くなります。

エリア

- 1駅遠くなっても妥協
- 駅からの距離を妥協
- エリアを少しずらす

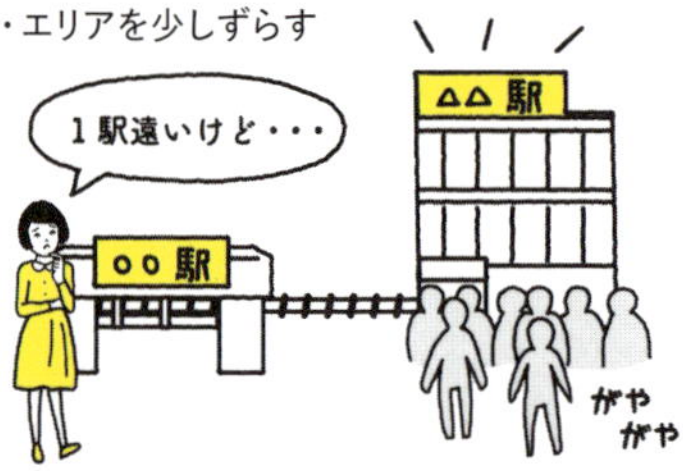

外せないこだわり

- 家賃○万円以内　・バス・トイレ別
- キッチンは2口コンロ
- 専有面積は○㎡以上

部屋

- 多少狭くても妥協
- 築年数が古くてもきれいなら妥協
- 浴室じゃなくシャワーでもOK

防犯・防災

- 1階でも人通りが多ければ妥協
- オートロックでなくとも妥協

環境

- コンビニが近くになくてもOK
- 飲食店の上でもOK
- にぎやかな立地でもOK

コラム 教えてセンパイ!

「住まい選びの決め手と手放した条件」

駅から5分以内を諦めました

検索サイトで「駅から徒歩5分以内」の条件を「10分以内」に変えたらとたんに選択肢が倍増! 結果、駅から徒歩8分のところに理想の物件を見つけました。

(Aさん・会社員・男性)

広さを最優先に物件探し

本が多いので、とにかく広い家を探していました。結果、2階以上、駅から10分以内、近くにコンビニがあるなどの条件は諦めることになりましたが、1階でも管理人さんがいてセキュリティはしっかりしているし、自転車で移動することが多いので駅やコンビニの遠さも気にならず、広い家に住めて満足です。

(Kさん・大学生・男性)

2口ガスコンロだけは外せない

料理が好きで自炊をしたかったので、どうしても2口以上のガスコンロがある物件にしたかったんです。部屋の広さや築年数などはある程度妥協しましたが、2口コンロで調理スペースが充実した今の物件で満足しています。料理は毎日のことなので!

(Nさん・会社員・女性)

ユニットバスでもOK!

なんとなくバス・トイレ別がいいかと思っていたのですが、予算の都合でユニットバスの物件に。でも、実際ひとり暮らしをしてみると、割とシャワーで済ませることが多くて、大して不都合はなかったです。お風呂掃除もしなくていいですし(笑)。

(Fさん・大学生・男性)

準備
13

住まい探し

契約の流れと必要なこと

契約は慎重に不明点は確認を

住みたい物件が決まったら、いよいよ契約です。18歳以上の人は単独で契約できます。不利な契約でも一度結ぶと解約できないので、契約内容はしっかり確認しましょう。

賃貸借契約は法的効力のある正式な「契約」なので、契約書の内容は少し難しく感じるかもしれません。契約時に不動産会社の担当者が「重要事項説明」をしてくれます。この内容を注意深く確認し、少しでも不明点があったら遠慮せずに質問をしましょう。**一度、契約が成立してしまうと、内容の修正や変更は難しくなってしまいます**。きちんと理解し、納得して署名・押印することが大切です。

申し込み

なるべく早く申し込む

不動産の申し込みは早い者勝ち。住みたい物件が決まったら、なるべく早めにその意向を不動産会社に伝えましょう。この段階での手続きは申込書に必要事項を記入すればOK。不動産会社によってはこのときに申込金（審査に通り、契約に進む場合には初期費用に充てられる）の支払いが必要なこともあるので、事前に確認を。審査に通らなかった場合には申込金は返却されるので、預かり証を受け取ることも忘れないようにしましょう。

入居審査

貸してOKかの審査

大家さんや不動産会社による、入居申し込み者の勤務先や連帯保証人などの確認です。きちんと家賃を支払うことができるかを審査されます。これには3日～1週間ほどかかります。

審査される内容

- 連帯保証人がいるか（保証会社利用でも可）
- 支払い能力があるか
- 申し込み内容に虚偽はないか
- 信用のおける人物か

本契約と支払い

契約内容は細かくチェック!

不動産会社の担当者から「重要事項説明」を受け、署名・押印をしたら契約完了です。契約後は内容の変更が難しくなるので、少しでもわからないことがあったら質問をして、しっかり理解し、納得してから判を押しましょう。

必ず確認しておくこと

- 鍵の引き渡し日時
- 家賃の支払日
- 敷金返還に関する特約
- 更新料
- 退去予告の期限
- 禁止事項

賃貸借契約書に署名押印したら、法的効力が発生します。たとえ学生だとしても、「知らなかった」「わからなかった」は通じません。あとでトラブルになることのないよう理解できないことや疑問に思うことは、その場で遠慮なく質問してください。また、暮らし始めてからの相談先も、契約のときに確認しておきましょう。設備が故障をしたり、住民とのトラブルがあったりした場合など、その費用を誰が負担するのか、どこに連絡したらいいのか、聞いておくと安心です。

★★★

書類等の準備

書類の準備は余裕をもって

入居審査が行われている間に、契約に必要なお金や書類の準備をしておきましょう。住民票や印鑑証明などは役所に行って入手する必要があるので、早め早めに準備をしておくと安心です。

必要なもの

- 敷金、礼金、仲介手数料
- 契約者の住民票の写し
- 契約者の印鑑、印鑑証明書
- 連帯保証人の同意書、印鑑証明書
- 契約者の収入を証明する書類

以前は連帯保証人がいない場合のみに利用されることが多かった保証会社ですが、最近は連帯保証人がいても保証会社の利用が必須とされる物件が多くなっています。大家さんや管理会社にとっては、家賃滞納などのリスクが下がります。一方、借主としては連帯保証人がいなくても物件が借りられるというメリットがありますが、初期費用や毎月の支払いの負担が増えるといったデメリットがあります。

★★★

準備 14

住まいが決まったら

ToDoリストをつくろう

引越し前後のタスクをリスト化

ひとり暮らしを始める新居が決まったら、早速、引越し準備のスタートです。

1人分とはいえ、引越しのための荷づくりはなかなか大変なもの。引越しまで、かなり忙しくなってしまうかもしれません。忙しさにかまけて、つい大切な手続きをしそびれてしまう、などということがないように注意したいものです。

このタイミングで済ませておくべき役所などの手続きは、**ToDoリストをつくって「見える化」しておくことが大切**。ひとつずつ確実にこなしていけるようにしましょう。

引越しに関するToDo

☑ 引越し方法を決めて手配

→ P.64 ～ 65

専門業者に頼む以外にも引越しの方法はあります。現住居と新居との距離や運ぶ荷物の量などから引越し方法を決めましょう。

☑ 持っていくものを決める

→ P.66 ～ 67

ひとり暮らしをする部屋に持っていけるものの量には限りがあります。この機会に使わないものの整理をしつつ、何を持っていくかを決めましょう。

☑ 新しく購入するものを手配

→ P.68 ～ 69

引越し当初は、冷蔵庫やエアコンなど本当に必要なもののみの手配でOKです。部屋のスペースも考え、他は徐々にそろえていきましょう。

☑ 荷づくり

→ P.72 ～ 73

荷づくりをする段階から、新居で荷ほどきをするときのことを考えて箱詰めなどを行うと、後で作業がぐんと楽になります。

☑ その他

ペットの引越し準備、パソコンまわりの手配など、自分の生活ならではの「引越しに必要なこと」を考え、早め早めに準備を進めていきましょう。

引越し前のToDo

☑ 現住居の退去申請

現在住んでいる賃貸物件から引越すときは、およそ1カ月程度前までに不動産会社に連絡します。旧居と新居で二重に家賃が発生しないよう、引越しの日程を調整しましょう。 →P.191

☑ 電気・ガス・水道・ネット

これらは生活に欠かせない「ライフライン」です。引越し日の2週間ほど前には使用開始の手続きをしておきましょう。 →P.75

☑ 転出届を出す →P.74

他の市区町村に引越す場合、住民票を移すための手続きが転出届と転入届。現住所の市区町村の役所で手続きをし、「転出証明書」をもらいましょう。

☑ 郵便物転送の届けを出す

郵便局の窓口で用紙をもらうほか、インターネットでも手続きが可能です。 →P.75

☑ ____________________

☑ ____________________

☑ ____________________

引越し（退去）の挨拶リスト、習い事の退会届提出など、自分なりの項目をチェックリストに加えましょう。

引越し後のToDo

☑ 転入届（転居届）

新しく住む市区町村の役所に転出証明書または転居届を提出し、住民票を移します。引越し日から14日以内に手続きをする必要があります。 →P.82

☑ NHK受信契約

テレビを視聴する場合、インターネット経由、あるいは0120-151515に電話をして受信契約の手続きを行いましょう。

〈住所変更の必要なもの〉

☑ マイナンバーカード

☑ 国民健康保険

☑ 国民年金（20歳以上の場合）

☑ 運転免許証

☑ 銀行口座

☑ 携帯電話

☑ クレジットカード

☑ ____________________

☑ ____________________

☑ ____________________

他に住所変更をしておくべきところがあったら書き込んでおきましょう。また、その他にも、引越し後にやるべきことがあれば加えておきましょう。

準備 15

引越し

引越しスケジュール

1カ月〜3週間前

月 / 日

引越し日を決める

契約が完了して入居日が決まったら、引越し業者などを決め、実際に新居に移る日にちを決定しましょう。

不要品の処分

引越しが決まったタイミングで、新生活では使わなそうなものを処分します。捨てるだけでなく、リサイクルショップやフリマアプリなども活用しましょう。

オフシーズンの荷づくり

荷づくりは始めてみると予想以上に大変です。まずは、季節外れの衣類など、"すぐには使わないけれどひとり暮らしでいずれは使うことになるもの"から、荷づくりを始めます。

2週間前

月 / 日

購入する大型家具・家電の手配

ひとり暮らしで新たに購入する大型の家具や家電は、入居日に合わせて新居に配達してもらいます。

知人への挨拶

直前のタイミングになる前に、知人などへ引越しをすることを伝え、挨拶をしておきましょう。

ライフラインの手続き

電気・ガス・水道などのライフラインの契約をします。使用開始まで時間がかかるものもあるので、早めに手続きしましょう。

1週間前

月 / 日

引越し前後に使うものを分ける

引越し前後に使うことが確実なもの、毎日使う生活必需品は、箱に詰めてしまわないように分けておきましょう。

引越し後すぐ使うものの荷づくり

新居でもすぐに使う洗面用具や、家具の組み立てなどに使う工具などは直前に箱詰めし、最初に開梱するようにしましょう。

引越し前の手続き

市区町村に転出届を出します。

改めて漏れがないかcheck

引越し1週間前には、ここまでの準備で何か忘れていることはないか、振り返って確認してみましょう。

月／日

前日

自分で運ぶものを分ける

貴重品やこわれ物など、自分の手で新居に持っていくものをスーツケースなどに入れて分けておきましょう。

部屋の掃除

立つ鳥、跡を濁さず！ 自分の部屋はきれいに掃除をしておきましょう。

月／日

当日

ライフラインなどの確認

ガスの開栓の立ち合いや、ブレーカーを上げて電力会社への届け出などを行っていきます。

OK

月／日

1週間後

日常生活を送るための整理

家具の配置や荷づくりした段ボールの開梱が終わったら、少しずつ新居での日常生活を軌道にのせていきます。

各種手続き

市区町村の役所での転入手続きのほか、運転免許証などの住所変更手続きを行います。引越しに伴う諸々の手続きも、なるべく早めに行っていきましょう。

区役所窓口

体調を整えることも大切です！

準備
16

引越し

引越し方法を決める

引越しの方法は大きく分けて4パターン

引越しの荷物の運び方として最も一般的なのは**引越し専門業者に依頼する方法**ですが、比較的、荷物の少ないひとり暮らしの引越しなら、**専門業者に依頼する以外にもいくつかの方法**があります。宅配業者、軽貨物運送業者、家族や友人に頼む方法です。それぞれにメリット・デメリットがあります。単に費用を抑えようとするのではなく、費用・時間・荷物の量などから、総合的に自分に最も合った方法を選ぶようにしましょう。

宅配業者

メリット

量や大きさが一定の規格内に収まる荷物なら、比較的安価に引越しをすることができます。

デメリット

規格を超えた量の荷物は運ぶことができず、別途送ることになります。

引越し専門業者

メリット

専門業者なので安心。遠距離、荷物が多い、忙しいなどの場合でも比較的、労力をかけずに引越しができます。

デメリット

特に2月～4月の繁忙期など、料金が高めになってしまう傾向にあります。利用するなら複数業者に見積もりを。

家族や友人と

メリット

引越しにかかる費用を最小限に抑えることができます。

デメリット

自力での引越しなので、労力は最もかかります。手伝ってくれた人へのお礼が高くつくことも。

軽貨物運送業者

メリット

近距離の引越しで短時間で終わるのなら、格安で引越しができます。

デメリット

拘束時間による料金設定なので、遠距離の引越しでは利用できないことが多いです。

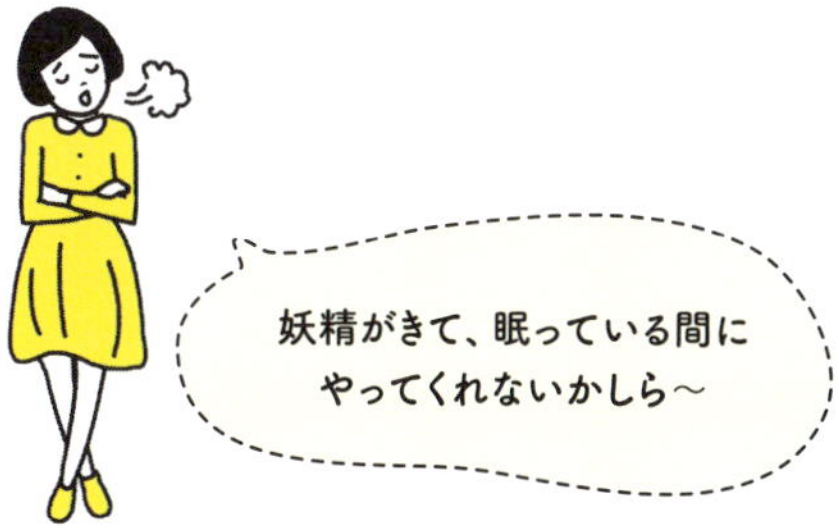
妖精がきて、眠っている間にやってくれないかしら～

引越し費用をかけるか手間と時間をかけるか

引越し専門業者だけでなく、宅配業者にも引越し用のサービスはあります。たとえば2㎥のコンテナ内に収まる荷物を一律料金で運んでくれるというもので、荷物がそれほど多くなく、コンテナに収まる量なら引越し料金を安く抑えることができます。また、近距離の引越しなら軽貨物運送業者に依頼するのが格安です。

さらに費用を抑えたいのなら、荷物を運べる車（レンタカーでも可）と運転手、手伝いを頼める人手があれば、自力で引越しをするという手もあります。

引越しまでの期間や自分のおかれた状況を考えて、ベストな引越し方法を決めるのがいいでしょう。

準備 17

引越し

要・不要を決めて梱包

ひとり暮らしをものを減らす機会に

引越し準備の第一歩は、**新居に持っていくもの・持っていかないものを決める**ことから始まります。新居のスペースを考え、欲張りすぎないことが大切です。そこで、ひとり暮らしを機に、不要なものを処分するのはいかがでしょうか？

ものが少なければ、狭かったり収納が少なかったりする物件でも快適に過ごせるうえ、掃除や収納も楽になります。

衣類

オフシーズンのものから考える

たとえば引越しの時期が春先だとしたら、真冬のコート、ブーツなどから。今シーズンで使ったか・使わないかを振り返れるので、使うものか、処分しても問題ないものかを判断しやすいです。

本・雑誌など

手元に置きたいものだけを厳選

引越し先に持っていくものを選ぶ基準は「それを手元に置いておきたいかどうか」。折に触れて何度も読み返しているような愛読書や仕事・勉強で必要な本を選びます。音楽や映画はサブスクリプションで楽しむこともできるので、“物”として持っていきたいものだけを厳選しましょう。

memo

ひとり暮らし用の物件はそこまで収納にゆとりはないはず。実家に物を預けておけるのなら、オフシーズンの衣類などについては、いったん後日の手配にするのもOKです。

家具・家電

新居のスペースと合わせて考える

家具は、新居のスペースに無理なく入るものだけに厳選しましょう。また、家電製品の多くは、単身者向けの小ぶりなサイズのものが売られています。

持っていかないものは…

実家に預けておく

捨てることに罪悪感を感じるもの、持っていけないけれど大切なもの、後々必要になることが確実なものは、預けるつもりで実家に残しておきましょう。

処分する

なんとなく捨てそびれていたようなものは、この際すっぱりと処分。読み返しそうもない本や雑誌、1回再生しただけのCDやDVDなど、“物”としてそれ自体を所有しておきたい大切なもの以外は、データでPCに取り込んで処分してしまうのも一案です。

雑貨

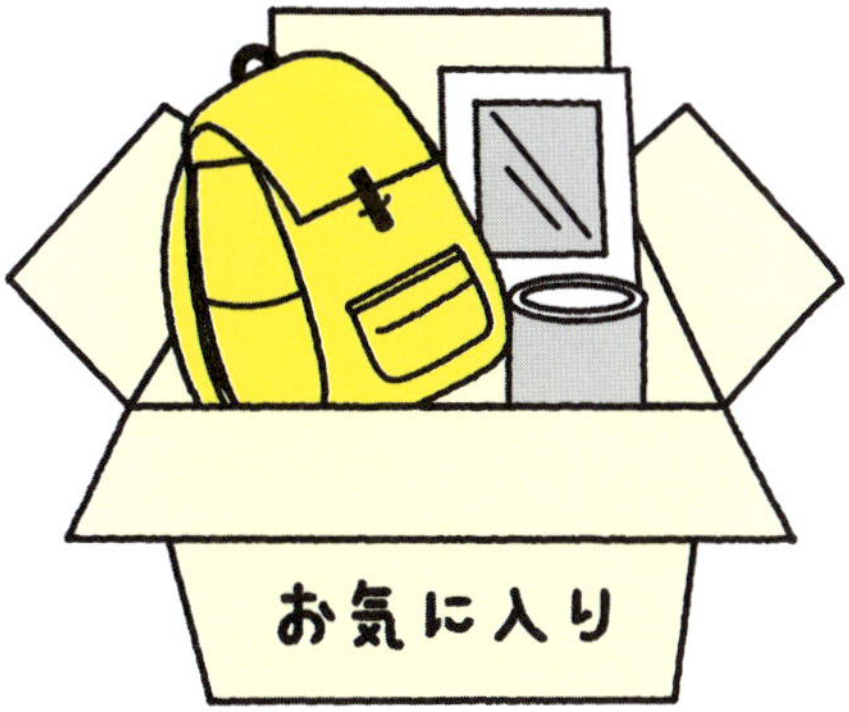

分類しながらまとめる

自分の好みではない頂き物は気持ちだけをありがたく受け取って処分を検討（写真を撮っておくとベター）。使い勝手の悪いものは、この際すっぱりと処分しましょう。同じようなものがダブっていたら、お気に入りのほうだけを残しましょう。このようにすれば、引越し後に心地よいものだけに囲まれた生活を送ることができます。

準備
18

引越し

新生活で必要なもののリスト

生活用品

当日から必要なもの

キッチン

最低でも1人分の食器とカトラリー、食器用洗剤は当日に必要です。

洗面・バス・トイレ

タオル、洗面道具、トイレットペーパー、生理用品などは必需品です。

洗濯・掃除

雑巾や掃除用品などは、新居でもすぐに使います。荷ほどきしやすいようにしておきましょう。

memo

ペットの食事、トレーニンググッズなど、各自のライフスタイルに応じた必需品も忘れずに。

後からそろえてもいいもの

スリッパ

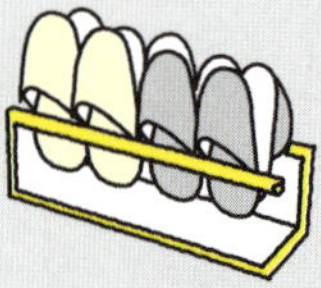

段ボールが片付くまでは玄関先はばたつきます。スリッパはなくても。

客用の食器

来客用の食器やカトラリーは、当面はなくてもOK。

工具類

引越しのときに専門業者に家具などを組み立て直してもらっていたとしたら、しばらくは必要ないでしょう。

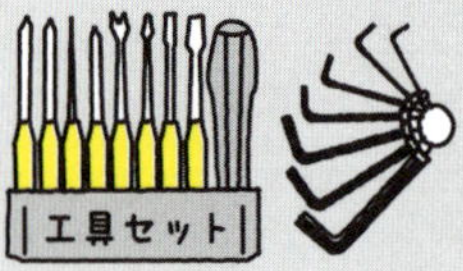

家電

電子レンジ

電子レンジが稼働すれば、ひとまず食事の心配はなくなります。

冷蔵庫

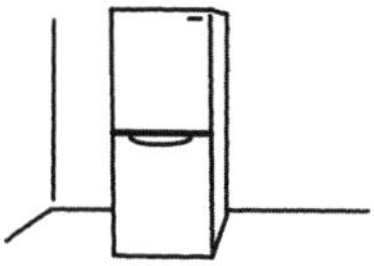

庫内が冷えるまでに少し時間がかかります。アース線も忘れずに。

洗濯機

引越し業者や電気屋さんに設置までしてもらえれば◎。

エアコン

特に夏と冬の引越しの場合は、即日で稼働させることがマストです。

掃除機

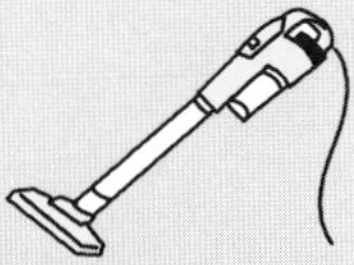

フローリングだとコロコロやワイパーで事足りることも。少し様子を見ましょう。

テレビ

テレビがなくても意外と生活でき、ダラダラ過ごす時間が減ったという声も!

炊飯器・トースター

必要になってから購入しても、意外と大丈夫なようです。

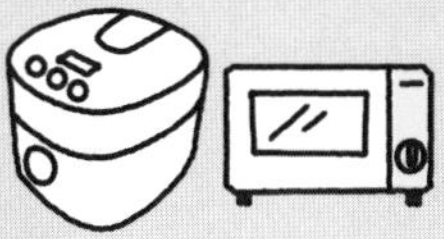

インテリア

寝具

寝具の荷ほどきと寝るスペースの確保までは当日中に。

カーテン

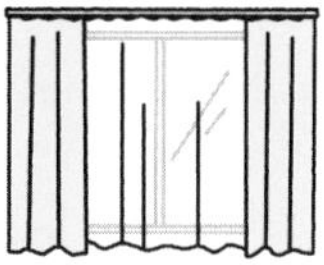

カーテンは引越し当日に取り付けましょう。暗くなると外から丸見えです。

照明

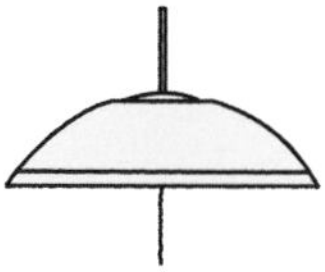

照明が備え付けでない物件の場合、真っ先に取り付けましょう。

テーブルとイス

家の中に落ち着いて座れる場所ができるとホッとひと息つけます。

ソファ

当面は不要。生活とお金にゆとりができてからお気に入りを選びましょう。

棚

生活のリズムがつかめてから必要な大きさのものを買うのがベター。

ハンガーラック

少し生活してみてから必要に応じて選びましょう。

コラム

教えてセンパイ！「引越しの手伝い頼む？　頼まない？」

引越し専門業者にお任せで手伝いの母と買い出し&東京見物

大学進学に伴い、東京でひとり暮らしをスタート。引越しは専門業者に依頼しましたが、心配した母が手伝いに来てくれました。

荷物を運ぶのは業者のおかげですぐに終わり、母と住民票などの手続きや日用品などの買い出しに出かけながら、ついでに**少し東京観光も楽しみました。**

入学式も近く、落ち着かない中でしたが、いろいろな手続きは母のおかげで心強く、母に手料理をつくってもらいながら荷ほどきをしたり話をしたりできたのはとてもありがたかったです。

（Hさん・大学生・女性）

宅配業者を利用し、家族に手伝いを依頼

大学時代は寮に住んでいたのですが、就職するタイミングで今のマンションに引越しました。春先だったので引越し専門業者のタイミングが合わず、**荷づくりは妹に手伝ってもらいながら自分たちで行い、運ぶのは宅配業者を利用**しました。

寮には家具があったので、ひとり暮らし用の家具・家電はすべて新しく購入。引越し当日の午後に届くように手配しておきました。家電製品の配線などは苦手なので父に頼みました。頼れるのは家族ですね！

（Yさん・会社員・女性）

兄に頼んで自力引越し

就職とともに社員寮に入ることになりました。荷物は1人分で段ボール10箱くらい。業者に頼むのももったいなかったので、**兄がレンタカー会社から軽トラックを借りてくれて自力で引越し**ました。

（Tさん・会社員・男性）

自力で引越しをして気まずいことに……

バイトでお金を貯めて、4畳半・風呂なしの古いアパートから、近所の6畳・ユニットバスのアパートに引越しました。節約のためにサークルの友達2人に手伝ってもらったのですが、**友達が誤って僕のパソコン画面に傷をつけてしまいました。**

友達にも悪気はなかったし、そもそもこちらから手伝いを頼んだので強く文句もいえず……。もちろん友達は平謝りでしたが、なんだか気まずくなってしまいました。

友達に依頼するとしても、せめて貴重品は自分の手で運ぶべきでした。

（Oさん・大学院生・男性）

同僚に手伝いを頼んでむしろ高くついたかも……

同僚と飲みに行くのが趣味です。

先日、行きつけの飲み屋で「バイト料として焼き肉おごるから、誰か今度の土曜日に引越しを手伝ってくれない？」と話したところ、引越し当日に、朝からなんと6人も手伝いに来てくれました。

引越し自体はみんなのおかげで短時間で終わってとても助かりました。でも、その夜に**お礼として食べに行った焼き肉代が**かなり高くついてしまいました。むしろ、引越し専門業者の安価なプランを利用したほうが安くついたのでは？　と思ったくらいです。

とはいえ、気のおけない仲間と楽しく過ごせたので、結果オーライだったと思うようにします。

（Sさん・会社員・男性）

準備
19

引越し

荷づくりの段取りとコツ

**荷ほどきのことも考え
計画的に荷づくりを**

荷づくりは、ただ単に引越し先に持っていくものを端から段ボールに詰めていけばいいわけではありません。少し工夫しながら荷づくりをしていくことで、引越し当日の作業をスムーズにすることができ、さらには転居後の生活を早く落ち着かせることができるのです。

コツを押さえた計画的な荷づくりをするためにも、引越しが決まったら**なるべく早いうちから少しずつ荷づくりを進めていきましょう**。

荷づくりに欠かせない段ボール箱は、引越し専門業者から入手できるほか、購入したり近所のスーパーなどからもらったりすることもできます。

荷づくりの段取り

①梱包材の用意

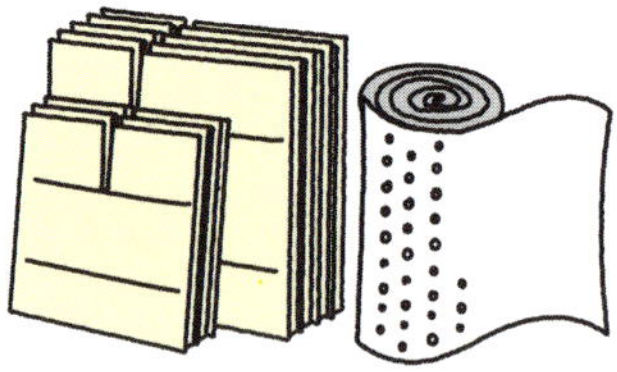

段ボールは少なくとも大小2つのサイズを用意しましょう。気泡緩衝材（プチプチ）があると便利ですが、新聞紙やタオルも緩衝材になります。

②シーズンオフのものから梱包

当面は着ない服や履かない靴、季節限定で使用するものなどから先に梱包していきます。

③引越しで使うものは別にまとめる

荷ほどきで使うゴミ袋、カッターナイフ、軍手などのほか、ティッシュペーパーやタオル、その日の着替えなどもひとまとめにしておくと便利です。

実家に預けるものはわかりやすく！

引越し先に持っていかないものは「捨ててほしくないもの」「捨ててもいいもの」の区別がつくようにしておきましょう。家族が気を利かせたつもりで、誤って大切なものを処分してしまった……などという事態を未然に防ぎましょう。

梱包のコツ

割れやすいものはクッション材を使って隙間なく入れる

食器などの割れ物は、ひとつひとつを包むだけでなく、箱に入れてできた隙間にも緩衝材を入れて揺れないようにします。

軽いものは大きい箱へ 重いものは小さい箱へ

衣類やバッグなど軽くてかさばるものは大きな箱に、本や食器など重いものは小さな箱に入れましょう。重いものを大きな箱に入れると、箱がこわれたり、運ぶ際に腰をいためたりしてしまいます。

プラスチックケースは開かないようにしばる

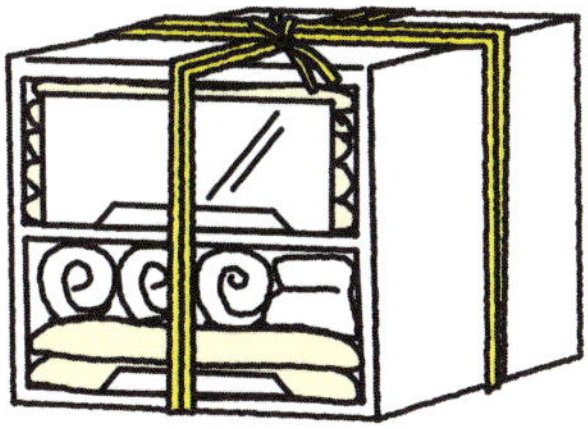

衣類を入れるプラスチックケースは、テープやひもでしばればそのまま運べて便利です。ただし透明なものは中身が見えないような工夫をしましょう。

置くエリアや内容ごとに箱を分けて側面に明記する

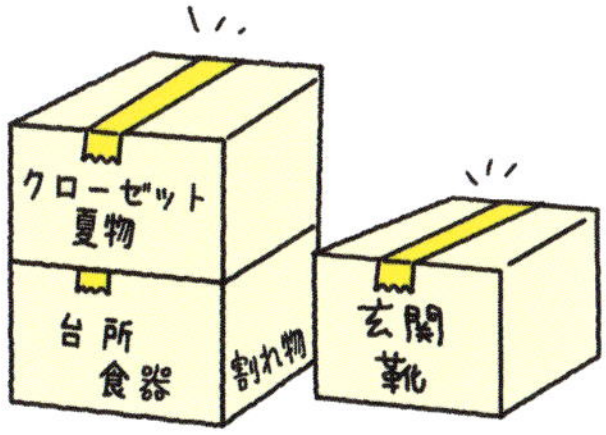

「クローゼット、夏物トップス」「割れ物、キッチン、食器」などのように、梱包した箱の側面に中身を明記しましょう。箱を積み重ねても何が入っているかわかるので荷ほどきが格段に楽になります。

貴重品は手荷物に！

現金や預金通帳、印鑑、貴金属、パソコンなどの貴重品は、別のカバンなどにまとめておき、引越し当日に自分で運ぶようにしましょう。

準備
20

引越し

引越す前の手続き

事務的な届出・手続きは漏れがないように

引越しをする際には、さまざまな事務手続きも行う必要があります。電気・ガス・水道といったライフラインのほか、役所に行って住民票を移す手続きもあります。特にガスは、**開栓に立ち合いが必要**なため、早めに手続きをしておくのが◎。

最近はインターネットを使ってオンラインで手続きを完了できるようになってきていますが、オンラインでいつでもできると思うと逆に気がゆるんで忘れてしまうことも……。

ひとり暮らしで不便な思いをしないで済むように、**手続きの必要なものはリストをつくってまとめ、引越しまでに確実に済ませる**ようにしましょう。

転出届

場所 現住所の役所

時期 約2週間前～

他の市区町村に引越しをするときは、現住所の役所への転出届の提出を、絶対に忘れないようにしましょう。転出届を出したのち、引越し先で14日以内に転入届の手続きを行わないと罰則が科せられることもあり、マイナンバーカードは失効します。

こんな場合は…

Case1 同じ市区町村

同じ市区町村の中で引越す場合には、転出届ではなく転居届とマイナンバーカードの住所変更届の手続きをすることになります。この場合も引越し日から14日以内がルールなので、なるべく早めに済ませておくと安心です。

Case2 学生の場合

学生のように、元の住所に戻る可能性がある場合には転出届を出さなくてもいいとされています。ただし、学校卒業後に実家に戻る予定がない場合は、ひとり暮らしを始めるタイミングで住民票を移しておくほうが便利かもしれません。

マイナンバーカードを利用すると「転出届」の申請と「転入届（転居届）」の提出のための来庁予定の申請がオンラインで行えます。また、Webサービス「引越れんらく帳」を使えば、それらに加えて電気・ガス・水道などのライフラインやインターネット、NHKなどもまとめて手続き可能。便利なサービスを利用して、スムーズに進めましょう。

使用開始手続き

電気

方法　ネット、電話

時期　約1カ月前～

電力メーターがスマートメーターの場合、即日の開通が難しいこともあります。

ガス

方法　ネット、電話

時期　約2週間前

開栓に立ち合いが必要なので、遅くとも1週間前までに手続きを済ませましょう。

水道

方法　ネット、電話

時期　約2週間前～

遅くとも3～4日前までには使用開始の手続きを済ませるほうがいいようです。

郵便物の転送

方法　郵便局、ネット

時期　約1週間前～

郵便物の転送サービスでは、申込日から1年間（転居日からではないことに注意）郵便物が転送されます。

インターネット回線

方法　店舗、ネット、電話

時期　引越しが決まり次第

新居にインターネット回線がない場合、工事に時間がかかることもあります。早めに手続きを行いましょう。

こんな場合は…

Case2 車を持っているなら

駐車場の手配のほか、新住所を管轄する警察署で車庫証明や車検証の変更手続きを。任意保険は引越し後の手配でもOK。ただし万が一の事故の際、一定期間（契約によるが、おおむね3カ月程度）を過ぎると保険が不適用になります。家族の保険を利用する場合、同居と別居で保障内容が変わることもあるので約款などで契約内容を確認しておきましょう。

Case1 定期購入、リースなど

新聞、定期購読の雑誌、通信販売など、定期的な購入や、リースをしているものがある場合には、解約するか、住所変更の手続きを行いましょう。

準備 21

引越し

引越し当日

STEP 1 荷物を積み入れる

引越し専門業者に依頼する場合は、すぐに出したいものの入った段ボールを最後にトラックに積んでもらうなど、指示出しを行いましょう。自分たちで引越しを行う場合には、積み込む際に段ボールの数を数えておくと◎。

STEP 2 移動＆輸送

荷物の移動を業者に依頼する場合、荷物が到着するより先に、自分が新居に着いて鍵を開けておけるのが理想です。遠方への引越しの場合、車だと渋滞に巻き込まれる恐れもあるので、自分の移動には公共交通機関を使うほうが安全です。

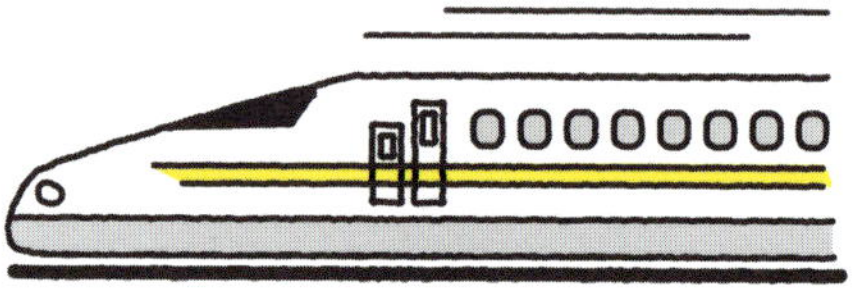

気持ちよく新生活を始めるために

これまで住んでいた家（実家）から、新しくひとり暮らしをしていく物件へ……。引越し当日は、多少の不安はありつつも、ドキドキするような高揚感に包まれるのではないでしょうか。

そんな新しい旅立ちの日をスムーズに過ごすためには、やはり事前に当日の流れをきちんと押さえておくことが大切です。

新居に着いたら、**まずは抜かりなく部屋に傷や汚れなどがないかの最終チェックを**。万が一何か不備を見つけた場合には、日付を入れて写真を撮っておくのがおすすめです。

荷物を搬入する前に部屋の掃除を行い、気持ちよく新生活をスタートさせましょう。

STEP 3 部屋のチェックと軽い掃除

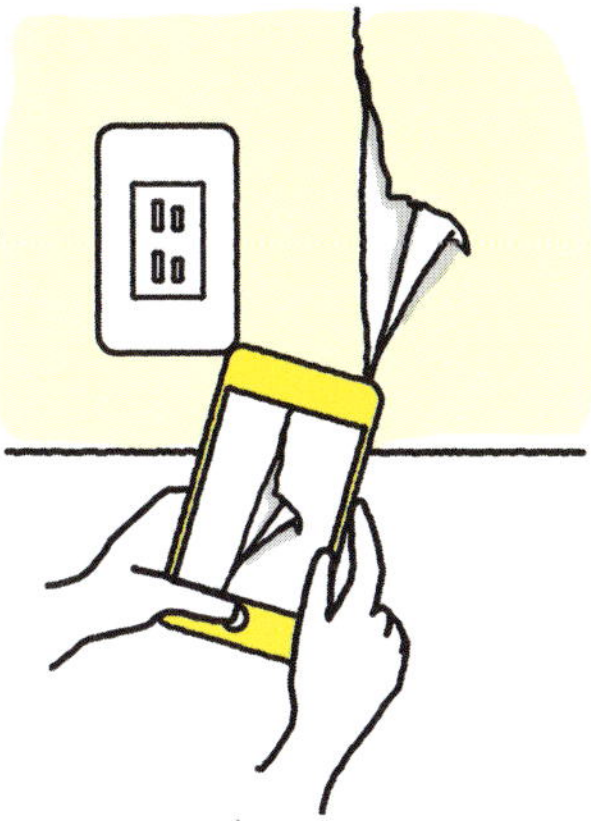

早めに新居に到着したら、まずは荷物を運び入れる前の部屋の状況を最終チェック！　内見時には気づかなかった傷や汚れがないかチェックをし、もし見つけたら写真を撮っておきましょう。これは退去時に余分な修繕費を請求されないためです。また、空室だった間に部屋にはホコリがたまっているもの。簡単に床掃除をするなどしてきれいにしてから荷物を搬入しましょう。

STEP 4 荷物の搬入

ノウハウをもっている引越し専門業者の場合は心配ありませんが、それ以外の場合は、荷物を搬入する順番も考えましょう。特にベッドや本棚、デスクなど大きな家具は、搬入時に使う場所に置けるように。後から家具の位置を入れ替えるのはひと苦労です。

隣人に会ったら挨拶を

引越し当日に隣人に会ったら、騒がしくすることへのお詫びも兼ねて軽く挨拶をしておきましょう。正式な挨拶は少し落ち着いてからでもOK です。

STEP 5 荷ほどき

荷づくりの段階で計画的にできていれば、荷ほどきもスムーズにできるはず。箱の側面の情報を頼りに、なるべく中途半端に開けてしまった状態の段ボールができないように開梱していきましょう。

→ P.73

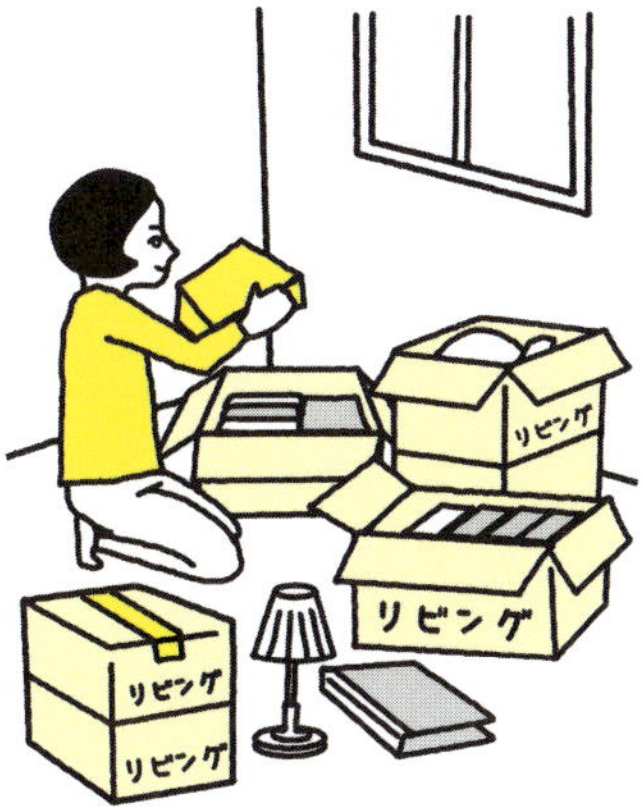

引越し直後から使うものはひとまとめにしておいて。たとえばトイレットペーパーやティッシュペーパー、スマートフォンの充電器や掃除用具、洗面用具など。翌日から通学・通勤予定の場合は、着替えやカバン、教科書や書類などもすぐに用意できるようにしておきましょう。

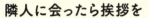

準備 22

引越し

初日に荷ほどきしたいもの

ひとり暮らし初日！無理をしないことも大切

新居に到着して、荷ほどきが終われば、いよいよ新生活のスタートです！

とはいえ、引越し当日は自分で思う以上に心身が疲れているもの。この日の荷ほどきは、**まずゆっくり眠れる場所を確保して休息を取るまでを目標**として、決して無理はしないということを心がけましょう。

眠る時間も起きる時間も食事の時間も自分のペースで決められるのがひとり暮らし。その分、ペース配分も自分で行っていく必要があります。そのことにも徐々に慣れていきましょう。

張り切りすぎて、ひとり暮らしの最初から生活リズムを崩さないように。**無理は禁物です。**

引越し作業で使うもの

荷ほどきの作業をするときにあると便利なのが、カッターナイフ、ゴミ袋、軍手、雑巾、マスク、ウェットティッシュなどです。家具の設置や荷ほどきに使うものは自分で運ぶか、一番最初に開梱できるようにして1つの箱にすぐに出せるようにまとめておくと便利です。

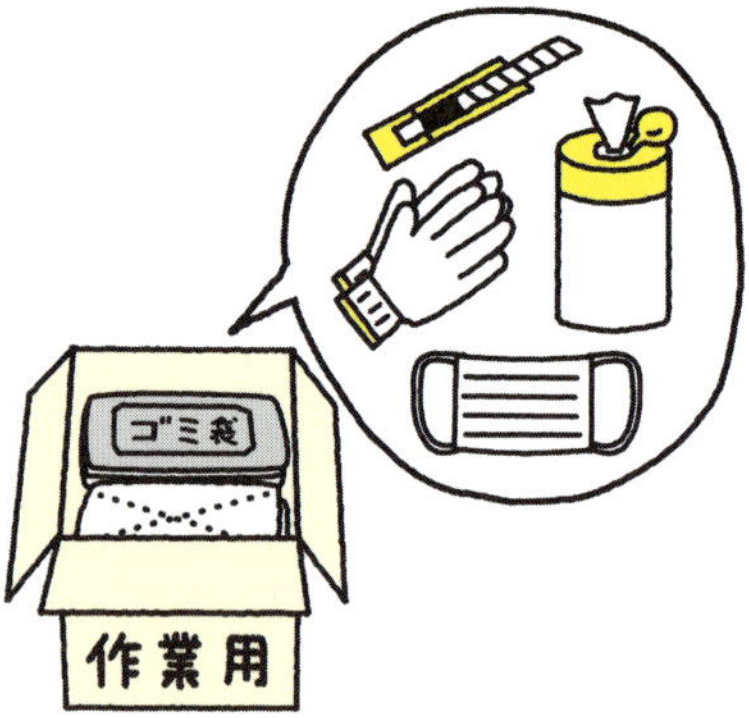

暗くなる前に出したいもの

照明器具がないと、日没後は作業ができません。また、照明があっても、カーテンがないと外から丸見えになってしまいます。照明器具とカーテンの2つは引越し初日、暗くなる前に荷ほどきを済ませ、取り付けまで終わらせましょう。内見のときに照明器具の有無を確認し、窓の寸法を測っておくとよいでしょう。

バス・トイレ・洗面

引越しの当日は移動や荷ほどきなどでかなり体を動かすことになります。すっきりして翌日を迎えるためにも、シャンプーやタオルなどの入浴セットはすぐに荷ほどきできるようにしておきましょう。トイレットペーパーやティッシュペーパー、タオルも何枚か同じ箱にまとめておくといいでしょう。

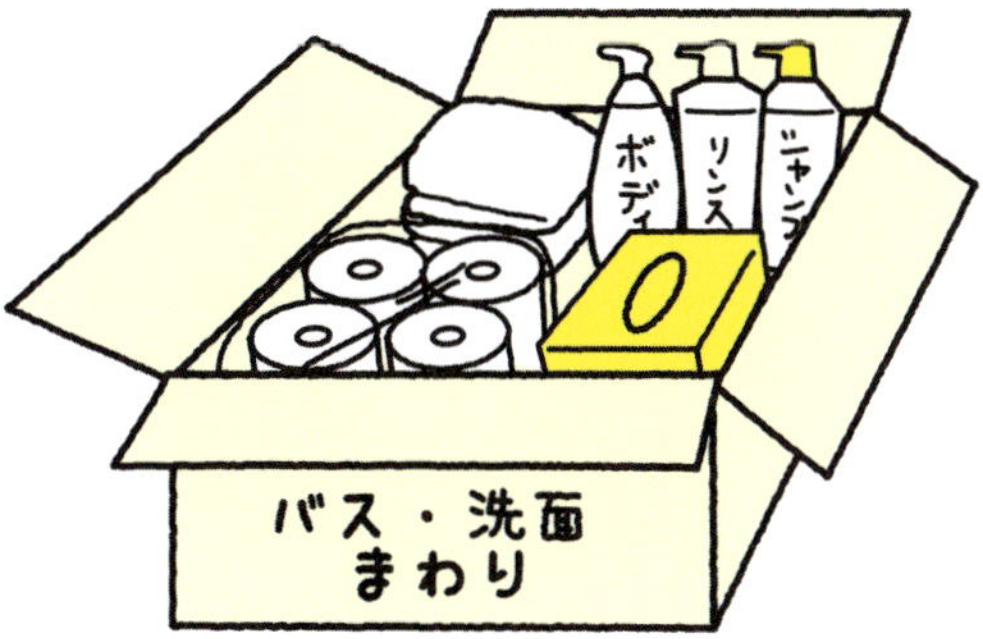

寝具・衣類

引越し当日は、眠るスペースを確保し、寝具の荷ほどきを終えることができたら、そこでひとまず合格点といってもいいかもしれません。あまり無理をせず早めに休むのもおすすめです。

キッチンまわり

食器などはその日に使う最低限のものだけを出せればOKと考えましょう。ヤカンを出してお湯を沸かせるようになったら、いったんティータイムにしても。

センパイの声

インテリアにはこだわりたいと思っていたので、家具屋さんでオーダー後の取り寄せになるきれいなカーテンを注文しました。引越しの日までには到着する予定だったのですが、台風の影響で到着が遅れてしまいました。引越しから数日間、レースのカーテンだけしかない状態で過ごし、夜は空いた段ボールを開いて立てかけ、目隠しに使いました。もう少し早く用意しておけば……。（Yさん・会社員・男性）

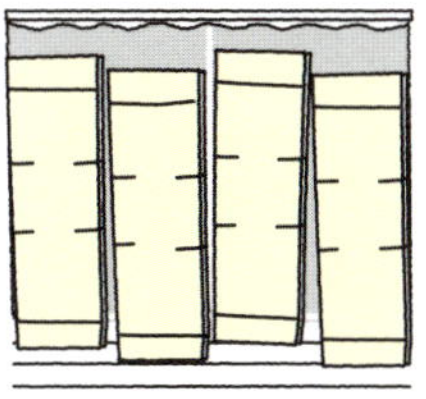

準備
23

引越し

引越しの挨拶どうする？

挨拶は事前に
リサーチをしてから

どうしても大きな音が出たりエレベーターを独占してしまったりする引越し。トラブル回避のためにも、**事前に近隣の人に挨拶をしておくと安心**です。

とはいえ、最近は挨拶をしないほうがいいパターンもあるそう。挨拶をするか否かは、事前に不動産会社や大家さん、管理人などにリサーチをしてから決めるといいでしょう。

ひとり暮らし向けの物件では、挨拶をすることで近所に頼れる友人ができるかもしれないというメリットもあります。

ただし、**挨拶はあくまで任意**です。タイミングが合わない場合などには無理をしなくともOKです。

ひとり暮らしの引越し挨拶

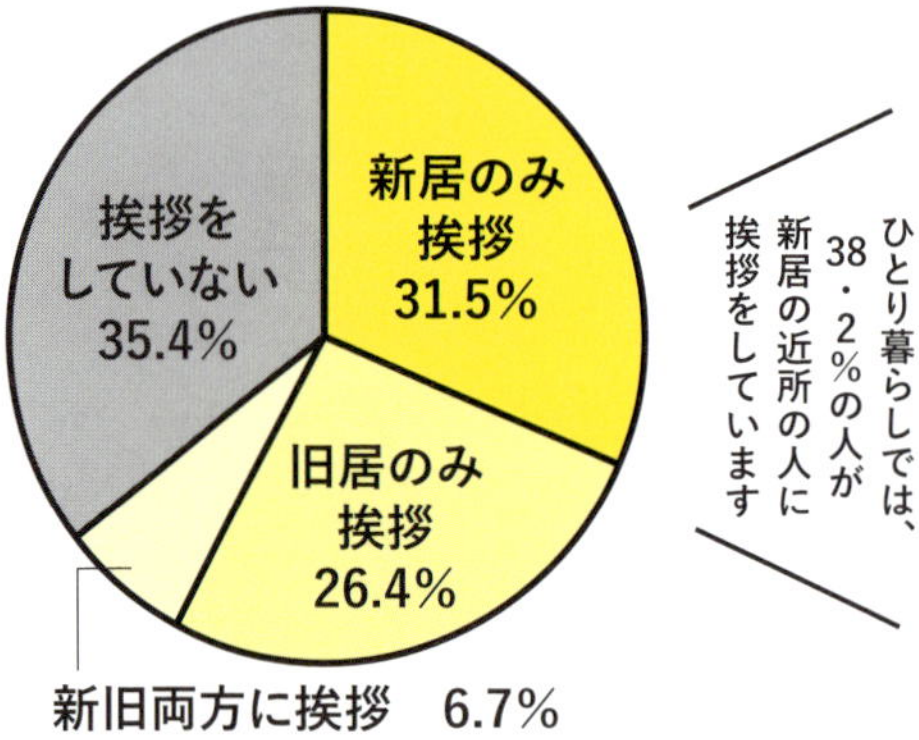

出典：SUUMO引越し見積もり「引越しに関するアンケート」（2019年7月実施）

上のグラフは、大手不動産会社による引越しのときの挨拶に関するアンケート調査の結果です。これによると、ひとり暮らしを始めるときに新居の近所の人に挨拶をした人は38.2%ということになります。ひと昔前までは「引越しの作業開始前に上下左右の部屋に挨拶をする」のは常識でした。しかし最近は、「女性のひとり暮らしと知られると危ない」といった防犯上の観点などから、どちらともいえなくなってきています。

タイミングは…？

引越し当日に挨拶ができれば理想的ですが、当日はバタバタしていたり汚れてもいいラフな服装だったり……。タイミングよく相手が在宅しているとも限りません。引越し後1週間程度までを目安に、と考えればいいでしょう。

挨拶をする範囲は…？

集合住宅の場合は、両隣の部屋と上下の部屋に挨拶に行くといいでしょう。管理人がいる物件ではそちらへの挨拶も忘れずに。

Case1 一軒家の場合

昔からいわれる「向こう三軒両隣」、つまり向かい側の3軒と両隣の2軒に挨拶に行くのがおすすめです。

Case2 大家さんは？

近くに大家さんが住んでいる場合には、何かとお世話になることも多そうなので、もちろん挨拶に行きましょう。大家さんに挨拶に行きつつ、他の住人に挨拶をするべきかたずねてみるのも一案です。

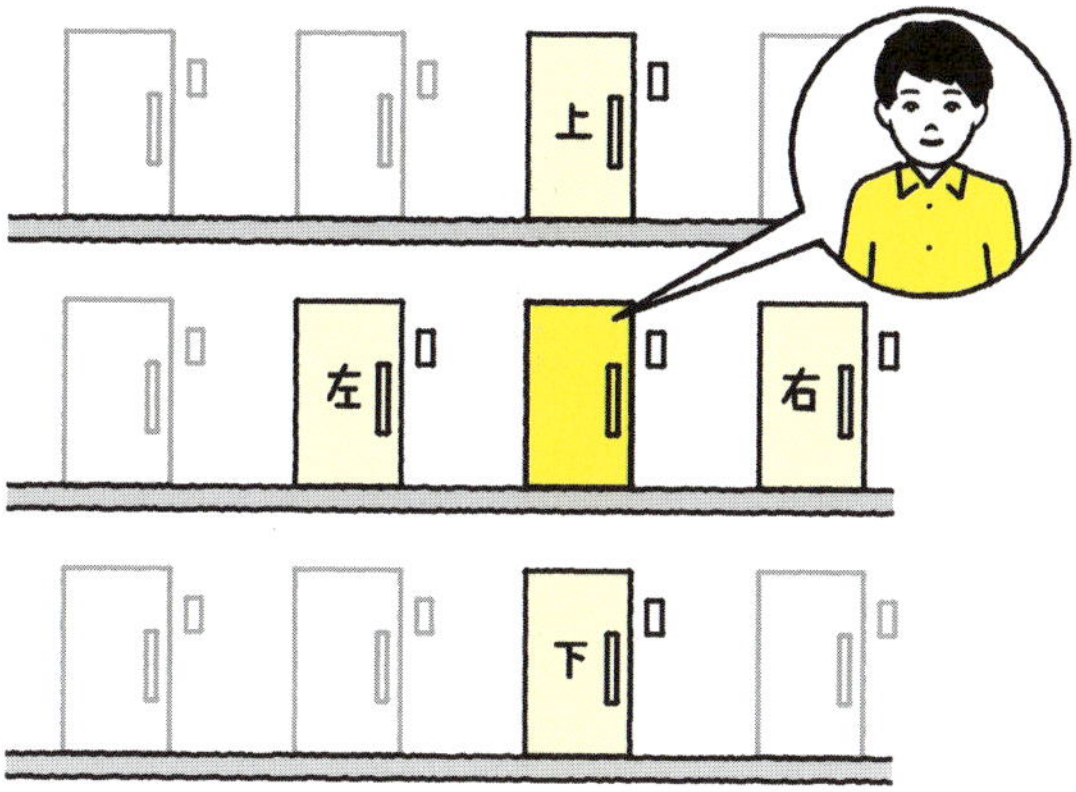

どんな挨拶をする？

常識的な時間（10：00 ～20：00くらい）に清潔感のある服装で挨拶に行き、たとえば「夜勤があるので深夜・早朝に音が出るかもしれません」など、自分が逆の立場だったら気になりそうなことも伝えるといいでしょう。

手土産にはどんなものを？

引越しの挨拶には、ぜひ手土産を持参しましょう。何を持っていけばいいのか迷うところですが、相手がお返しに気を使う必要のないような価格の日用消耗品がおすすめ。タオルやラップ、ティッシュペーパーなどを選ぶとよさそうです。

Case1 ポスト投函する場合

相手が恐怖感を抱かないよう、「○号室に引越してきた○○」などと、差出人がわかるようにしましょう。ポストに投函できる手土産としてはギフトカードなどが便利かもしれません。

準備
24

引越し後の手続き

引越し

引越し後の手続きは順序よく計画的に

新しい家に住み始めてからも、早めに済ませなければならない手続きがいくつかあります。中でも住民票やマイナンバー、健康保険、運転免許証などに関わる手続きは遅れずに行わなければなりません。**あらかじめ手続きに充てる日をスケジュールの中に組み込み**、手続き漏れなどがないようにしましょう。

住所変更をするもの

☑携帯電話
住所変更のみならインターネットでも手続きが可能です。

☑クレジットカード
住所変更のみならインターネットでも手続きが可能です。

☑社会保険
社会保険の手続きは、一般的に雇用元の会社が手続きを行ってくれます。会社の担当部署に忘れずに申請しましょう。

☑転入届
引越し後14日以内に、新居のある市区町村の役所に行き、転入届を提出し、合わせてマイナンバーの住所変更手続きを行いましょう。

☑国民健康保険
引越し後14日以内に、新居のある市区町村の役所に行き、手続きを行う必要があります。印鑑や本人確認書類が必要です。

☑国民年金
国民健康保険同様、手続きは新住所のある市区町村の年金事務所で、やはり引越し後14日以内に行います。

☑運転免許証
運転免許証、新住所の住民票、証明写真（他の都道府県からの引越しの場合）を持って、新住所の管轄警察署か運転免許センターで手続きします。

☑銀行・郵便局口座
住所変更のみならインターネットでも手続きが可能です。

引越し後は住所変更手続きを忘れずに

Case1 マイナンバーカード
転出届がWeb上で提出でき、転入届提出の予約ができます。マイナンバーカード自体の住所変更は役所の窓口で行います。

Case2 車がある
新居から2km以内に駐車場を契約し、車庫証明や車検証の変更手続きを行う必要があります。

Case3 ペットがいる
犬の場合、転入から30日以内に新居の市区町村に犬の住所変更届を提出する必要があります。なお、猫の場合は特定の手続きの必要はありません。

3章

暮らし編

ひとり暮らしで知っておきたいポイント

念願のひとり暮らしスタート！　これまで家族に支えられてきた暮らしと異なり、ひとり暮らしではすべてのことを自分で決めていかなければなりません。最初はちょっぴり大変かも……？　自分のやってみたい「ひとり暮らし」に向けて、押さえておきたいポイントを確認していきましょう。

暮らし 1

共有スペースのルール

ゴミ出しの注意点

ルール・マナーを守ってすっきりと暮らす

生活をしていれば、毎日必ずゴミが出ることになります。そしてゴミは、少し油断すると驚くほどたまってしまうもの。

これまでは、ゴミ箱に捨てれば家族がまとめて出してくれていたかもしれませんが、**ひとり暮らしでは地域のルールに従い、マナーを守って自分でゴミ出しをしていく必要があります。**

ゴミ出しの曜日や分別のルールなどは地域ごとに異なるので、はじめは少し戸惑うかもしれませんが、慣れてしまえば大丈夫！ 生活のルーティンの一部にしてしまいましょう。

ルールの確認

曜日・時間

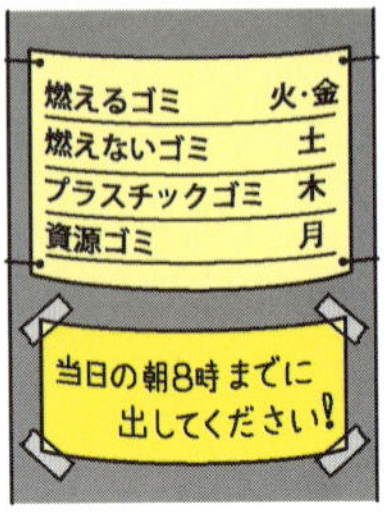

ゴミの種類ごとに出せる曜日は決まっています。分別のルールとともに、どんなゴミがどの曜日に出せるのかを把握しましょう。

場所

大前提として、指定された収集場所に出しましょう。住所によっては一番近いところではない場所を指定されることもあるので確認を。

分別

ゴミ分別のルールは地域によって大きく異なります。市区町村のホームページなどでチェック！ 集合住宅の独自ルールがあることもあるので確認しましょう。

memo

ゴミを出す袋にルールがあることも。特に決まりがなく手頃な袋に入れてOKという地域、半透明などと色が決められている地域、有料で、指定のゴミ袋を購入しなければならない地域もあります。しっかり確認を。

知っておきたい！ ゴミ出しマナー

危険物

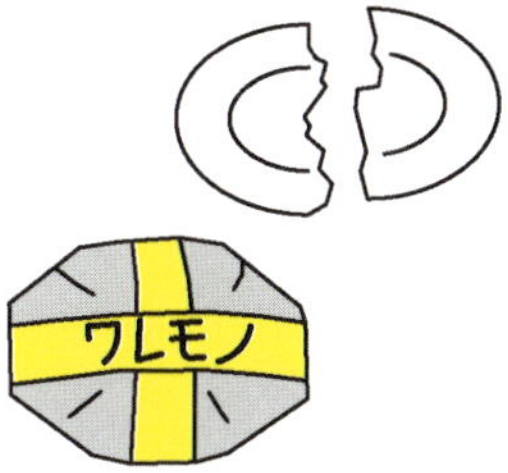

刃物や割れた食器、ガラスなどは、重ねた新聞紙や厚手の紙などに包み「危険物」「ワレモノ」などと書きましょう。

注意が必要なゴミ

電球は箱に入れる、スプレー缶は中身を出し切る、電池は絶縁する……など、そのままの状態では捨てられないゴミもあります。

ペットボトル

そのまま出すのではなく、ラベルとキャップを外して中身を軽く洗い、小さくつぶして捨てるのがマナーです。

memo

家電リサイクル法により、テレビ、エアコン、冷蔵庫、洗濯機の4品目は、粗大ゴミとして出すことが禁じられています。不要になったら引き取ってもらう手続きをしましょう。

粗大ゴミ

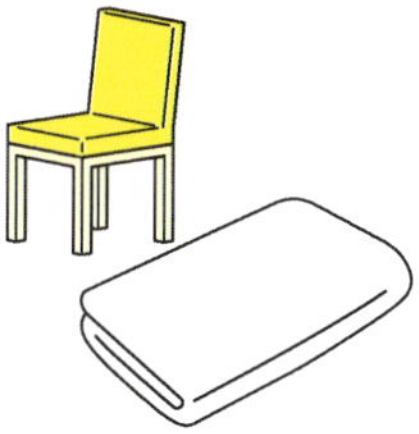

粗大ゴミと一般ゴミの区別は地域によって異なります。出し方も含めて市区町村に問い合わせましょう。

個人情報

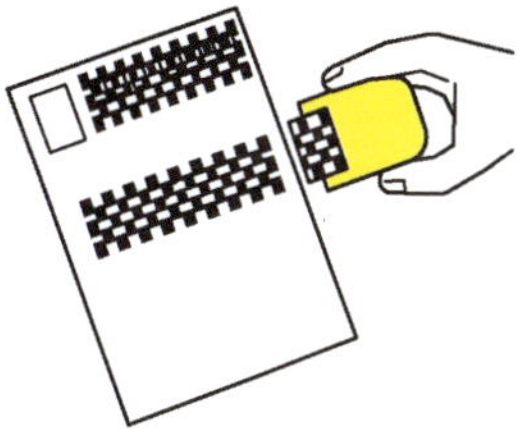

個人情報が記載されたものを捨てるときには、シュレッダーにかける、宛名消しスタンプで消すなどを習慣化しましょう。

教えてセンパイ！ 生ゴミ保管のコツ

ひとり暮らしの生ゴミはそんなに量も多くないので、しっかり密封して収集日の朝まで冷凍庫に入れておきました。捨て忘れると悲劇でしたが、においは完全にシャットアウト！

（Kさん・会社員・男性）

生ゴミがにおう原因のひとつは水分！　なので、牛乳パックを生ゴミ入れ代わりにして、野菜の皮むきなどは最初からその上でやって水分を含まないようにしています。

（Oさん・大学生・女性）

生ゴミ乾燥機を使っています。生ゴミのにおいも量も減って一石二鳥です。市区町村によっては購入時に補助金が出るところもあるようなので、調べてみる価値はあると思います。

（Yさん・会社員・女性）

暮らし
2

共有スペースのルール

共有スペースでの注意点

集合住宅での生活はマナーを守って！

集合住宅では、さまざまな価値観や背景をもつ人が同じ建物で生活しています。**お互いに気持ちよく暮らせるよう、家族と暮らしていたとき以上に、他の人に迷惑をかけないこと、マナーを守る必要があります。**

集合住宅での生活を居心地のいいものにできるか否かは、ひとり暮らしを成功させる鍵のひとつです。他の人の立場になって考え、思いやりをもって過ごすことが大切です。

意外な共有スペース

部屋の前の廊下

玄関ドアの正面、部屋の前の廊下は共有スペースです。まれに荷物を置くことが許容される場合もありますが、公のスペースであることに留意しましょう。

- **通行の妨げになるようなものを置かない**
- **汚れたら掃除をする**
- **ゴミ袋を放置しない**

バルコニー

自分しか入れない場所なので自宅の一部のように考えがちですが、バルコニーは共有スペース。ものを置く場合は、いつでも移動できる状態にしておかなければなりません。

- **隣の部屋との間の壁は万が一の際、壊して避難経路になるのでふさがない**
- **バルコニーでの喫煙はNG**
- **水やりは下階にかからないように**
- **ゴミなどの放置はNG**

他の住民に迷惑をかけないように

駐輪場・駐車場

駐車・駐輪の番号等が決められている場合は、定められた枠内にとめましょう。場所が決まっていない場合は、他の人の迷惑にならないように譲り合いを。

ポスト

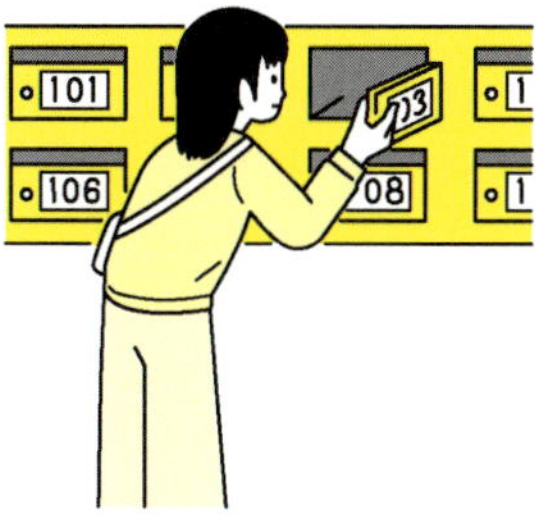

集合ポストは毎日確認し、ポストから郵便物などがあふれないようにしましょう。また、名字だけでも表示しておくことで配達ミスを防げます。

入り口・エントランス

集合住宅の"顔"となる場所です。管理人や他の部屋の人に会ったら挨拶を。また、長時間の立ち話や出入りの邪魔になるような行動はNGです。

センパイの声

アパートで隣の部屋に住んでいる人が夜間や休日によくバルコニーでタバコを吸っていました。風向きによっては私の部屋のほうに煙が流れてきて洗濯物にタバコのにおいがついてしまって閉口しました。管理人さんを通じて苦情を伝えたのですが、エレベーターなどで会うとなんとなく気まずくて、引っ越すことになりました。

（Cさん・大学生・男性）

階段・通路

通行の妨げになるようなものを置かないのはもちろん、置き配の荷物なども早めに部屋の中へ。また、大きな声でのおしゃべりもNG。夜間や早朝は特に音が響くので、足音を立てて走ったりしないようにしましょう。

エレベーター

乗り降りの際、自階で長時間止めないこと。ペット可の物件で、ペットと一緒にエレベーターに乗るときには、動物が苦手な人もいるのでペットを抱きかかえましょう。乗り場で一緒になったら先に乗ってもらう気づかいも。

暮らし
3

心地よい住まいに

理想の過ごし方を考える

理想の過ごし方から家具などを考える

　せっかくのひとり暮らし。できることなら、思い描く理想の過ごし方ができる部屋で暮らしたいものですね。それをかなえるためには、まずはその**過ごし方に合った家具を考える**のがおすすめです。

　自分の暮らす空間を一からつくり始めることのできるこのタイミングで、**①暮らし方のスタイル→②それを実現するために最も必要なアイテム→③そのアイテムを中心とした他のアイテム**、という順番で、自分が暮らす部屋のイメージを具体的なものにしていきましょう。

Image 1

広々とした空間に見せたい！

家具の中で一番大きなスペースを取るのはベッドです。部屋を広々とさせたいのなら、家具を減らすためにソファベッドを選ぶのもひとつの方法になるでしょう。ただし、寝具の収納場所を確保しないとかえってごちゃごちゃした印象になるので気をつけて。

Image 2

ひとり時間を大事にしたい！

誰にも邪魔されないひとり時間を大事にしたいのなら、座り心地のいいパーソナルソファを指定席にしてもいいでしょう。それを中心に、他の家具の配置や色合いなどを考えていきましょう。

Image5

友人を呼んで ワイワイ楽しみたい！

気兼ねなく友達を呼んで楽しく過ごしたい！　そんな人におすすめなのはクッションや座布団＋ローテーブルの地べた生活です。テーブル＋椅子よりも集まれる人数が増え、長く過ごすのにも楽チンです。

Image3

ゲームやPCが命！

ゲームをしたり、動画を編集したりするために、パソコンまわりを充実させたいのなら、まずは大きめのデスクと必要な周辺機器、長時間座っても疲れないゲーミングチェアをメインに考えましょう。

memo

食事と睡眠スタイルから考える

そもそも、どんな過ごし方が自分の理想なのかがよくわからない……そんなときには、「食事」と「睡眠」を鍵に考えてみましょう。

凝った料理をつくりたいのか、みんなで集まってワイワイ楽しく食べたいのか、特にこだわりはないのか。それによって、テーブルか、ちゃぶ台か、カウンターに椅子だけか、デスクと兼用か、が決まってきます。

また、しっかり休みたいならベッドですが、部屋を広く使うことを優先するなら、布団かソファベッドになります。

このように、大物の家具から決めていくことで、他の家具の選択肢を徐々に絞っていくことができます。

Image4

好きなものに囲まれたい！

好きなものに囲まれて過ごしたい人に必要なのは、棚を置くための壁面です。広い壁面に、天井までの高さを有効活用できるような棚を置けるとベスト。見せる収納で、いつでも好きなものが手に取れる、好きなものに囲まれた生活が実現します。

暮らし 4

心地よい住まいに

テイストを決める

色と材質を味方にして自分らしい部屋に！

自分だけの部屋なのだから、どうせなら好きなインテリアを楽しみたい！ インテリアを少し工夫することで、さまざまな雰囲気の部屋にすることができます。

とはいえ、一気にすべてをつくり込むのは現実的ではありません。おすすめは、**必要最小限の家具で、シンプルな部屋かナチュラルテイストの部屋からスタートする**こと。そこに布アイテムや小物、ラグなどを付け足していき、**少しずつ理想の部屋に育てていく**のです。

こうすることで失敗が少なくなり、後からの軌道修正もしやすいでしょう。

ナチュラル

インテリアで失敗したくないのなら、大きな家具を、他とも合わせやすいシンプルな白木や木目調にし、部屋全体の色をベージュや白などでまとめます。部屋のテイストを変えたくなったときにも模様替えが比較的簡単にできます。

カラー：白、ベージュ、生成りなど+グリーンを差し色に
材質：木、布、ラタンなど
アイテム：木目調の家具、カゴの収納、生成りのベッドカバーなど

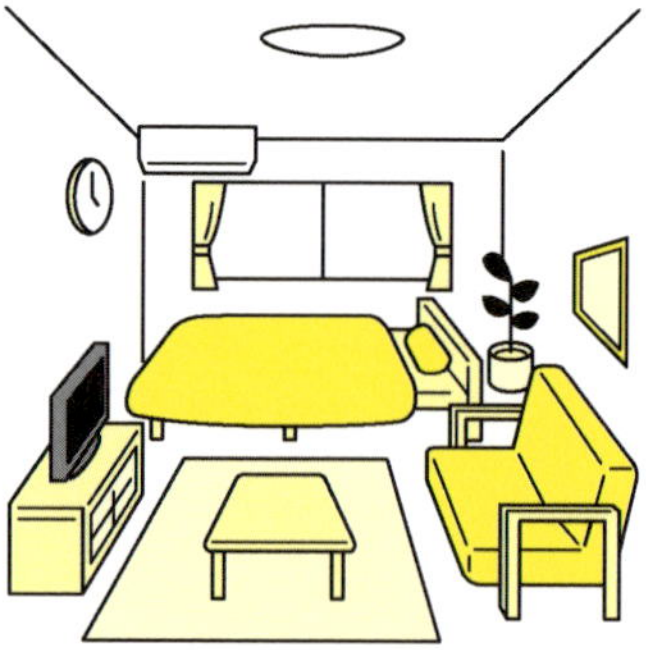

スタイリッシュ

おしゃれな部屋にしたいなら、白、グレー、シルバーなど無機質な色味と素材で部屋をまとめてみましょう。ただし、黒に近い色の面積が広くなると暗い印象になるので気をつけて。

カラー：モノトーン、シルバーなど+差し色
材質：金属、ガラス、プラスチックなど
アイテム：スチールのラック、ガラス天板のローテーブルなど

エレガント

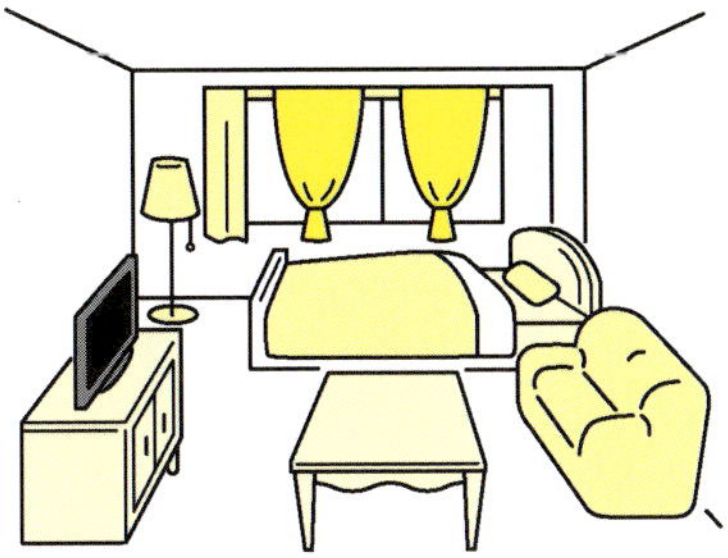

高級感のある部屋にしたいのなら、アンティークの家具をメインにして濃色を差し色に。あまり色数を増やすと逆にチープな印象になるので気をつけて。

カラー：ブラウンなどをベースに、ワインレッド、パープル、ネイビー、ロイヤルブルー、金など
材質：ガラス、ベルベット、サテンなど
アイテム：アンティーク家具、チェーン、タッセル、鏡など

ロマンチック

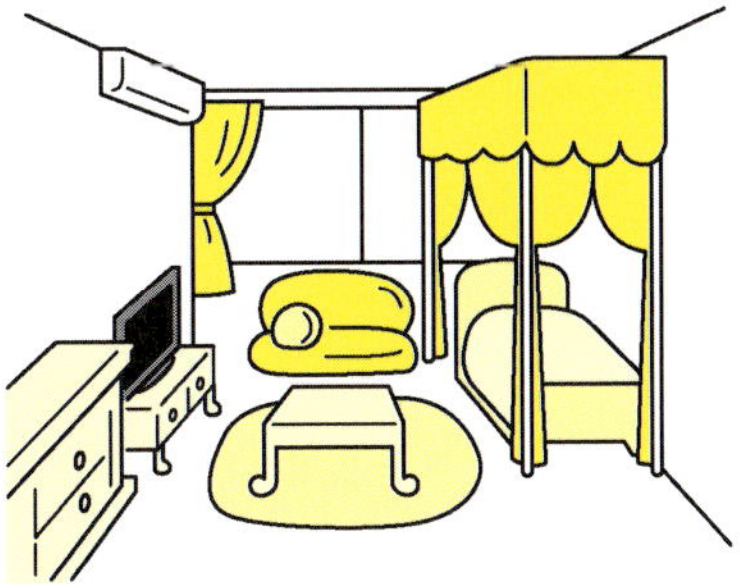

どうせなら、お姫さまのような気分で！　白を基調とした家具に、思いっきりかわいいアイテムを組み合わせて。ただ、やりすぎると野暮ったくなるのでほどほどに。

カラー：白をベースに、ピンク、水色などのパステルカラー
材質：レース、フリルのついた布など
アイテム：花、ぬいぐるみ、フリルのクッション、曲線的なデザインの家具など

和風

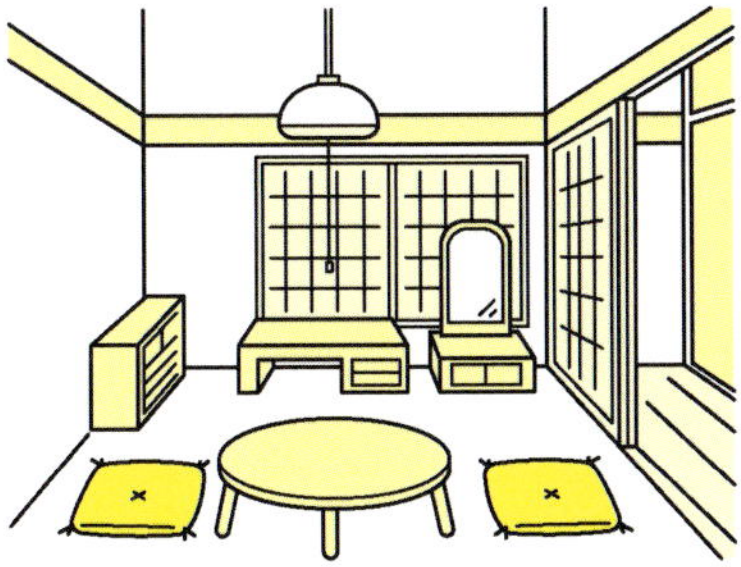

日本人ならやっぱり和のテイストが落ち着く！　だとしたら、おばあちゃんの家のような部屋はどうでしょうか。アイテムもいろいろあって楽しめそう。

カラー：ブラウン、ベージュ、白、紺、ニュアンスカラーなど
材質：木、畳、和紙、竹など
アイテム：座布団、こたつ、畳、のれん、すだれ、民芸品など

アジアン

工夫次第でアジアンリゾート気分の部屋をつくることも可能。濃い色味でナチュラル素材の家具に鮮やかな色の布や大きめの観葉植物を合わせてみましょう。お香をたくのも◎。

カラー：ブラウン、グリーン、鮮やかな原色など
材質：竹、ラタン、布など
アイテム：観葉植物、アジアン雑貨、風景写真、柄のはっきりしたセンターラグなど

暮らし
5

心地よい住まいに

部屋を広く見せるコツ

高さと色数を抑えて圧迫感のない部屋に

ひとり暮らし向けの物件の多くは、そんなに広さはありません。隙間なく家具が置かれていたり、家具で窓がふさがれていたりすると、圧迫感があるだけでなく、居心地や部屋の使い勝手もイマイチになってしまいます。**使い勝手の悪い部屋や風通しの悪い部屋、光の入らない部屋だと、掃除や収納がしにくくなります。**そうすると、少し忙しくなったり疲れたりするだけで、すぐに部屋が散らかるように。すると部屋はますます狭苦しく居心地が悪くなり……。そんな悪循環を避けるためにも、**たとえ狭くとも圧迫感のない、広さを感じられる部屋づくりをしましょう。**

その1 床を広く見せる

一般的に、部屋を広く見せるためには、家具を置く面積を全体の1/3以下に抑えるといいといわれています。また、家具をバラバラに配置するのではなく、どちらかに寄せ、なるべく正方形に近い形で床が見えるようにするのもポイントです。

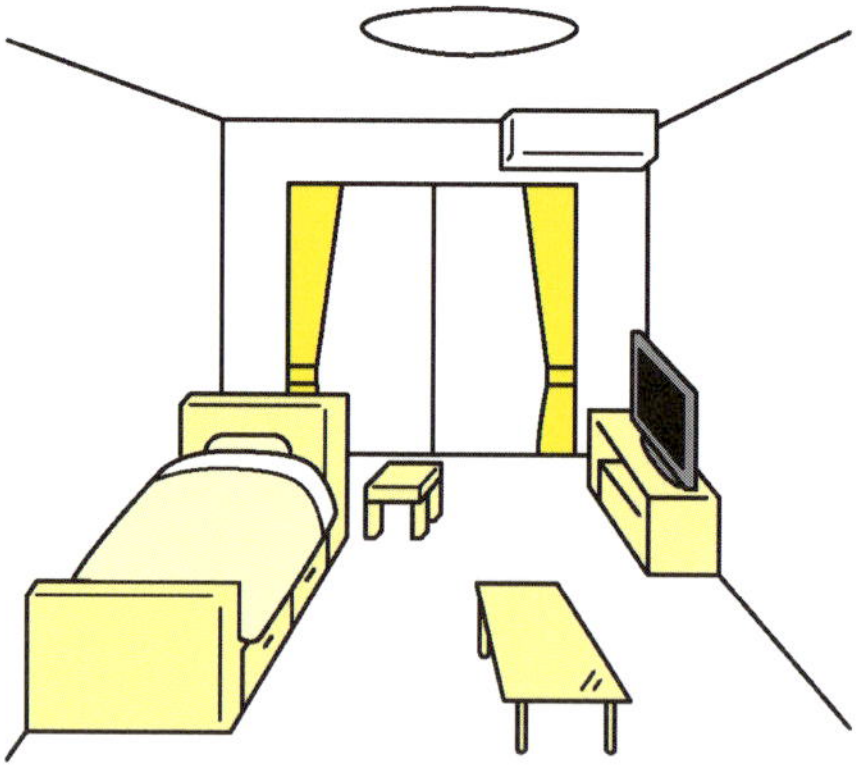

おすすめアイテム

・壁面収納　・大きな鏡
・背板のない棚　など

その2 色調をそろえる

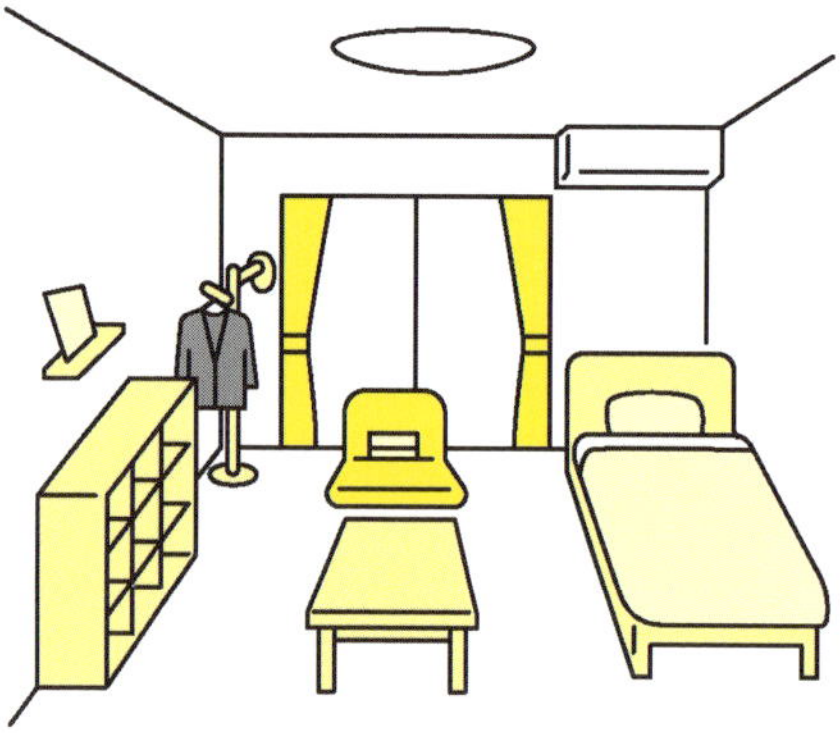

色数を少なくするのも部屋を広く見せるコツです。家具の色を壁や床の色とそろえると、部屋がすっきりと見えます。また、白などの明るい色は部屋を広く見せてくれます。

おすすめアイテム

・カバークロス
・カーテン　・ラグ

その3 家具の高さは低めに

家具に圧迫感があると、それだけで部屋が狭く見えてしまいます。特に大きな面積を占めるベッドは低いものを選ぶのが◎。低いベッドを用意するのが難しい場合は、背の高い家具を奥に、背の低い家具を手前に置くか、ベッド以外は腰よりも低い高さの家具でまとめましょう。

おすすめアイテム

・ローベッド　・低い棚
・ローテーブル

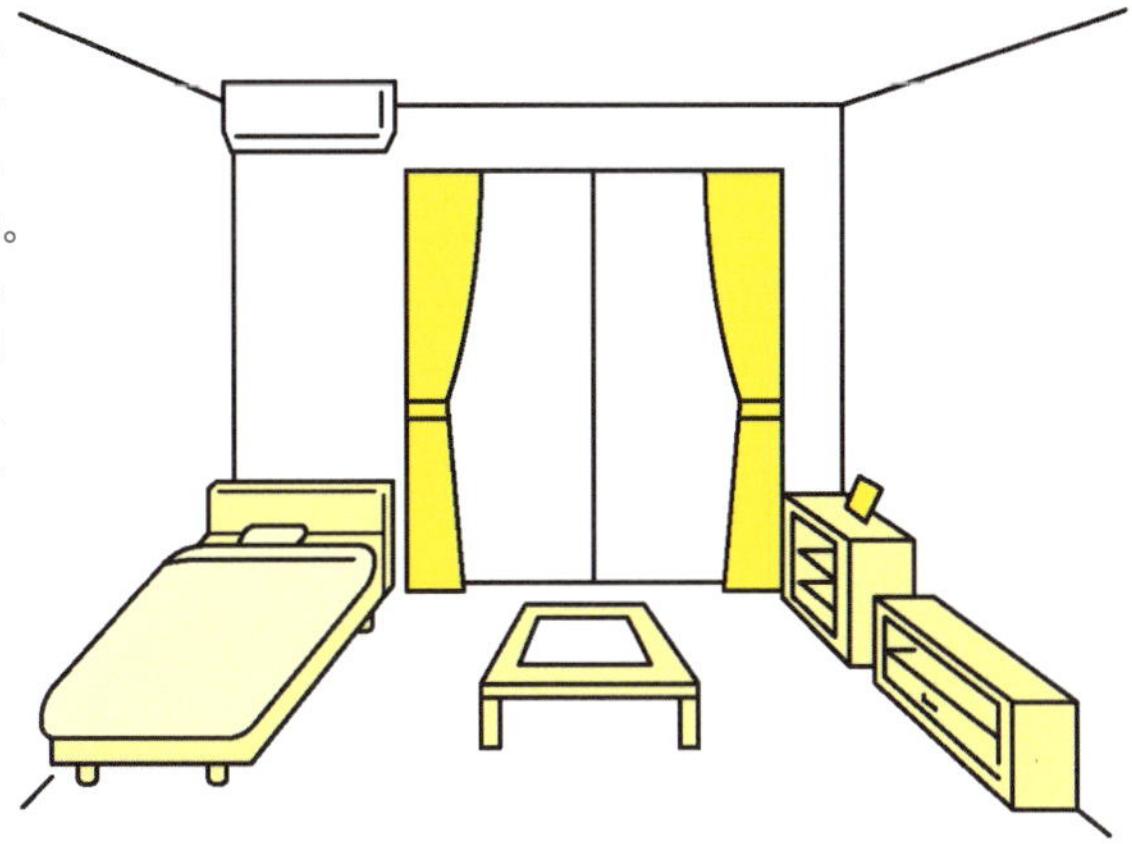

その5 デッドスペースの活用

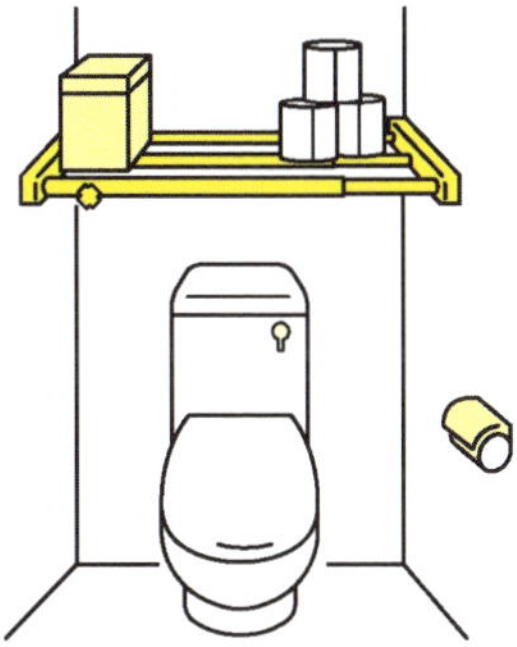

隙間収納家具や突っ張り棒などを使って、押入れや収納の上部、洗濯機置き場やトイレの上などのスペースを有効活用しましょう。収納スペースが増えた分、部屋を広く使えます。

センパイの声

家具を新しく買うよりは！と思い、実家にあった家具をいろいろと新居に持ち込みました。でも、ひとり暮らしの部屋では予想以上に場所が取られ、色合いもバラバラでごちゃっとしてしまい……。結局、家具のいくつかは送料をかけて実家に送り返しました。

（Nさん・会社員・男性）

その4 多用途の家具を

複数の使い方ができる家具を置けば、その分、部屋の空きスペースが広くなります。多用途の家具としてはソファベッドが代表的ですが、中に収納ができるスツール、高さが変えられるテーブルなどもおすすめ。

センパイの声

実家に帰省することも多くなると思っていたので、ひとり暮らしの家具はすべて新調することに。家具一式はネットショップでそろえたのですが、スマホをかざすことで家具を置いた様子をVRで確認できるサービスを大活用！イメージ通りの部屋にできました。

（Kさん・大学生・男性）

暮らし
6

片付け

ものの指定席を決める

ものの指定席が決まれば片付いて快適な部屋に

ものの指定席を決め、そこにきちんと片付けることができれば、部屋は常に片付いているはずです。ひとり暮らしを始めるのを機に、**いつでも人を呼べる片付いた部屋を実現しましょう。**

いつの間にか部屋が散らかってしまう原因は、部屋が片付けにくいからかもしれません。

まずはものの指定席をつくり、「出したらしまう」を習慣化。新たに何かを買う際にも収納場所を考えるようにしましょう。**ものの量は「収納スペースの8割まで」が肝心。**そうすれば、いつの間にか部屋にものがあふれてしまうなどということにもならないでしょう。

片付いて見える部屋のコツ

テーブルの上はすっきりと!
郵便物や書類、読みかけの本などをちょい置きしてしまいそうですが、極力、何も置かないように。

「見せる収納」も工夫して
小物やアクセサリー、帽子など、収納に入りきらないものは、壁にかけるなど、ショップのディスプレイ風にセンスよく。

使用頻度の高いものはわかりやすく収納
ハサミやペンなど、よく使うものは、出し入れがしやすい指定席をつくりましょう。ぱっと出してすぐに片付けることができれば散らかりません。

新聞や雑誌はまとめて
読みかけをそのまま置いてしまうと部屋が散らかる大きな要因に。置き場所を決め、定期的に古紙回収に出しましょう。

見せたくないものには布をかける
カゴに入れている洗濯物や、ごちゃごちゃした小物の入った箱は、上に布などをかけておけば散らかって見えません。

ちょい入れBOXを用意
一時的に使うもの、置き場所が決まっていないものなどを入れておきましょう。フタがあれば来客時もすぐに隠せます。この箱は満杯にしないように!

ものの指定席の決め方

使う場所の近くに収納

使う場所と片付ける場所が離れていると、片付けるのが面倒になり、いつの間にか出しっぱなしになってしまいます。たとえばベッドで雑誌を読むことが多いなら、ベッドサイドにラックを置きましょう。

身長に合わせて収納場所を決める

まっすぐ立ったときの肩の高さから腰の高さまでの位置が、収納のゴールデンゾーンです。手が届きやすく、出し入れもしやすいこの場所に、よく使うものを収納しましょう。

もののしまい方

布ものは立てて収納

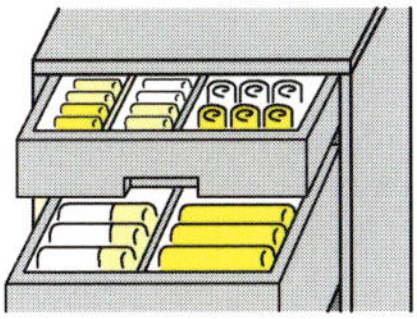

タオルやＴシャツ、下着などは、軽くたたんだ後にくるくる巻いて、立てて収納しましょう。平らにたたんで重ねるよりも全体が見渡しやすく便利。服選びの時短にもなります。

細かいものは仕切りをつくって

こまごまとした文房具や乾電池、薬など、小さなものはそのまましまうと迷子になってしまいがち。仕切りトレイを使って引出しの中に見やすく収納しましょう。

食べ物のストックはざっくり分類

お茶や乾物、麺類など、ストックしつつ毎日使うような食品は、大まかな分類でOK。大きめのケースやカゴなどに収納しましょう。賞味期限がわかるように袋のまま入れるのがポイントです。

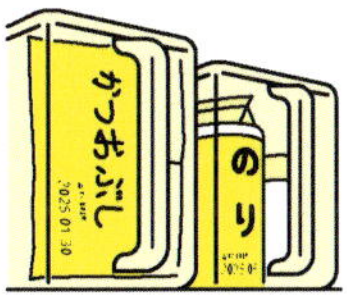

よく使うなら取り出しやすく

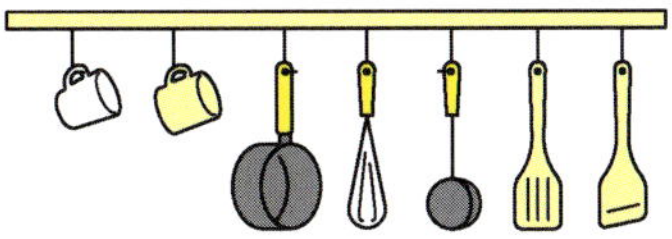

ボウルや菜箸、お玉など、よく使う調理小物はワンアクションで取り出せるようにしましょう。柄のついた調理小物におすすめは吊るす収納です。

暮らし
7

片付け

収納を使いこなす

クローゼットの収納術

高さを活かそう！

使用頻度の低いものを上段に
シーズンオフの服、ときどきしか使わないバッグなどは、ジャンルごとに収納ボックスなどにまとめましょう。

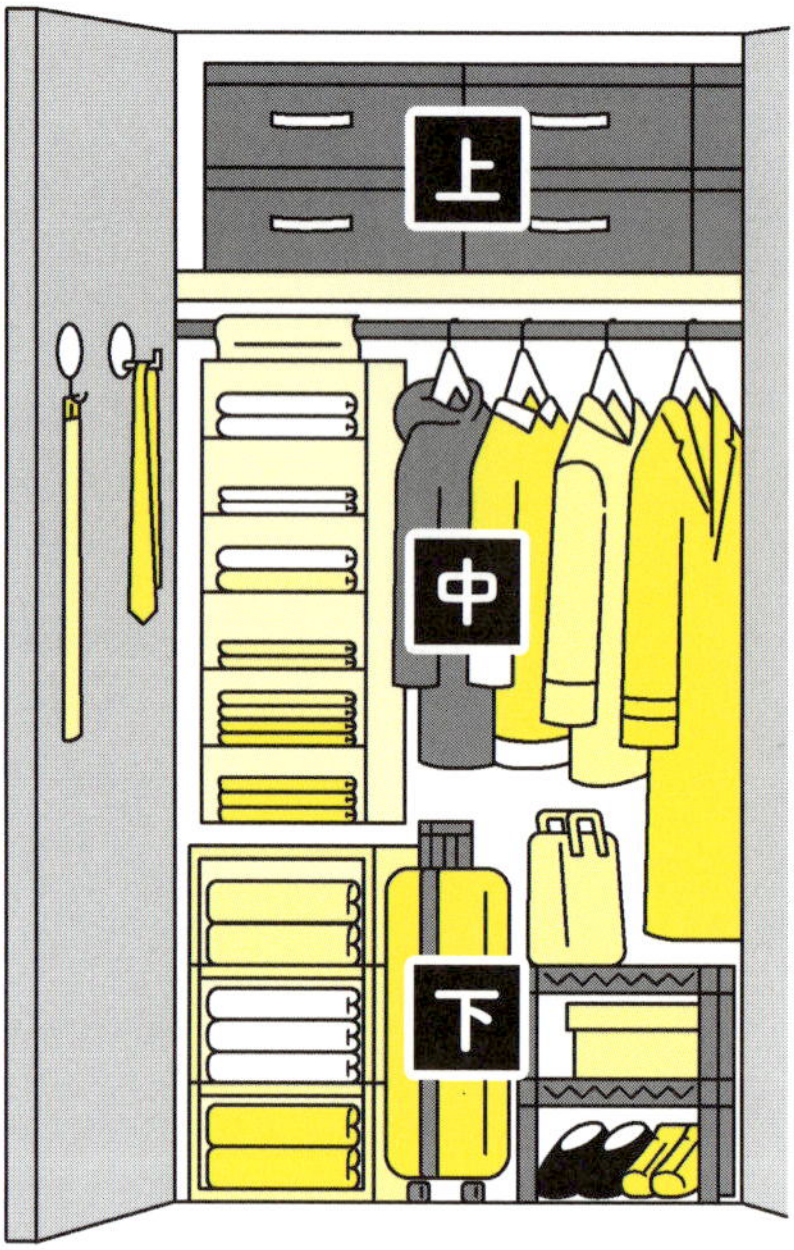

扉の裏に吊り下げ収納
ベルト、ネクタイ、スカーフやストール、大ぶりのアクセサリーなどは、扉の裏に吊るして収納しましょう。

丈をそろえた収納がコツ
クローゼットの中段には、使用頻度の高い服をかけましょう。このときに衣類の丈をそろえておくと、服の下のスペースも有効活用できます。

たためる衣類は引出しに
下着やＴシャツ、ニット、ジーンズなど、ハンガーにかける必要のない衣類は、中身が見える透明や半透明の引出しボックスに入れて収納しましょう。

短い衣類の下も活用
短い衣類をかけた下にできたスペースは、収納ボックスを置くほか、カバンを置く、掃除用具を置くなどに活用できます。

貴重な収納スペースを余すところなく活用

ひとり暮らしの部屋の場合、クローゼットや押入れなどの収納は1つだけということも多いもの。**クローゼットと押入れ、それぞれの特徴に合わせた収納の工夫で、この貴重な収納スペースを最大限に活用しましょう。**

どちらの場合も、収納するのは最大でも容積の80％ほどまでに抑えるのがおすすめ。

詰め込みすぎて出し入れがしにくくなってしまうと、結局、収納しているものを死蔵してしまい、さらに部屋も片付かなくなってしまいます。適度な空きスペースも残しつつ、上手にクローゼット・押入れを使いこなしましょう。

押入れの収納術

奥行きを活用！

ハンガーラックや突っ張り棒でクローゼット風に

手の届きやすい高さに突っ張り棒やハンガーラックを設置して、押入れをクローゼット風に。奥行きを生かして縦方向に使うのも一案です。

奥行きを使いきれないならちょい置きスペースに

押入れの特徴は奥行きですが、活用しきれないと奥のものを死蔵してしまいます。奥行きを使いこなせないと思ったら、潔く何も置かないのも一案。隠せるちょい置きスペースができるので意外と重宝します。

布団の収納は直置きNG

布団を押入れにしまう場合、直置きすると湿りやすくなります。上段でも下段でも、すのこや引出しボックスなどの上に指定席をつくりましょう。

引出しボックスは長めのタイプを

押入れの奥行きを生かすなら、長めの引出しボックスが便利です。下着やTシャツなどを収納しましょう。

重いものや使用頻度の低いものは下段の奥や端に

重い掃除機、スーツケースなどは下段に収納。オフシーズンの扇風機やストーブのほか、衣類も衣装ケースに入れて下段に。

収納以外に活用する方法も

idea 推し活コーナーに

押入れに推し活コーナーをつくることもできます。奥行きと幅があるので、多少グッズが増えてもディスプレイに困りません。来客時にはふすまを閉めてすっきりした部屋に見せることも可能。

idea 仕切られた書斎風スペースに

押入れの仕切りの高さはデスクにピッタリ！　ライトやPC、書類ケースなどを設置すれば、押入れ上段が広々とした作業スペースのある書斎に変身します。

暮らし
8

片付け

デッドスペースの活用

**探せばまだまだ
隠れた収納スペースが**

収納スペースを充実させればさせるほど、部屋をすっきりと片付けられ、快適にすることができます。**トイレの上や洗濯機の上、家具の隙間やドアの裏側など、新たな収納スペースになりうるデッドスペースは意外とあります。**

ここではオーソドックスな方法を紹介していますが、他にもさまざまなデッドスペース活用のアイデアがあります。インターネットなどで検索し、自分の部屋にぴったりなものを見つけてみてください。

家具の隙間

隙間収納用のスリムな収納家具もさまざまなサイズのものが市販されています。また、突っ張り棚などを活用して収納スペースを作成しましょう。

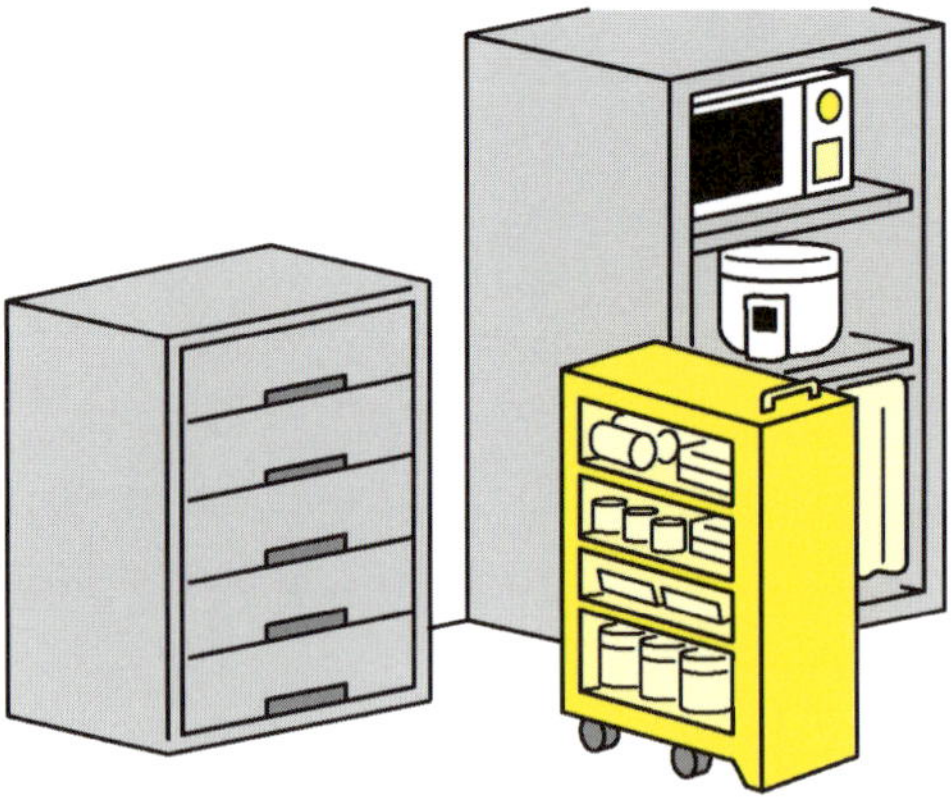

ベッドや家具の下の隙間

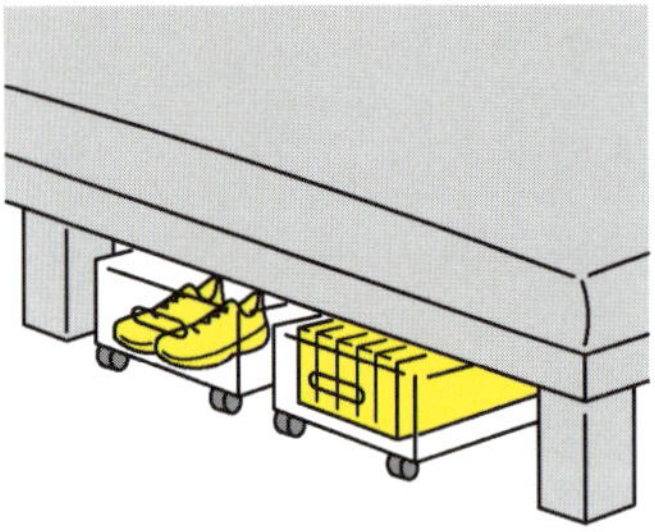

ベッドの下に引出しボックスを入れて衣類を収納するのは基本。高さのない隙間でも、キャスター付きのトレイなどを活用すれば収納スペースにすることができます。

部屋のコーナー

奥行きや幅が足りないなどで家具が置けないような部屋のコーナーは、高さを生かした収納が◎。天井と突っ張るタイプのポール収納を使えば、上着やバッグなどをかけられます。

トイレの上

トイレの上の壁面に突っ張り棚を設置すれば、トイレットペーパーなどのストックを収納するのにとても便利です。

扉の裏面

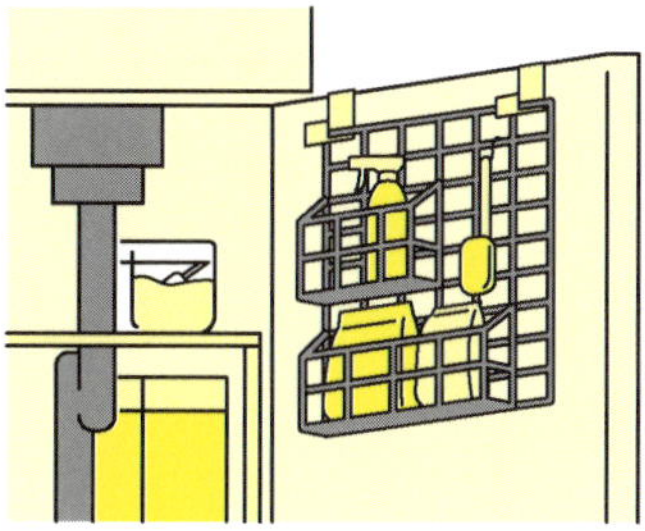

扉の裏面にはがせる粘着テープなどでワイヤーネットを取り付ければ、簡単に吊るす収納が完成します。

キッチン

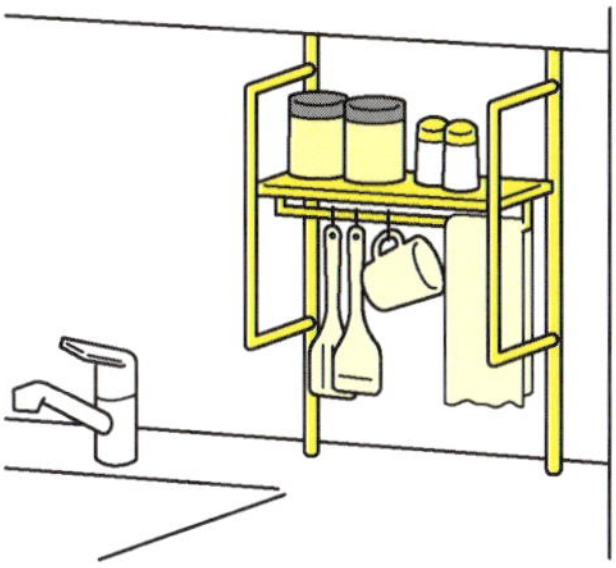

ラックや突っ張り棒を活用して、すぐに使う調理器具を取り出しやすく収納しましょう。キッチンの上に吊り戸棚がある場合、100円ショップアイテムでもう1段収納スペースがつくれます。

洗濯機の上

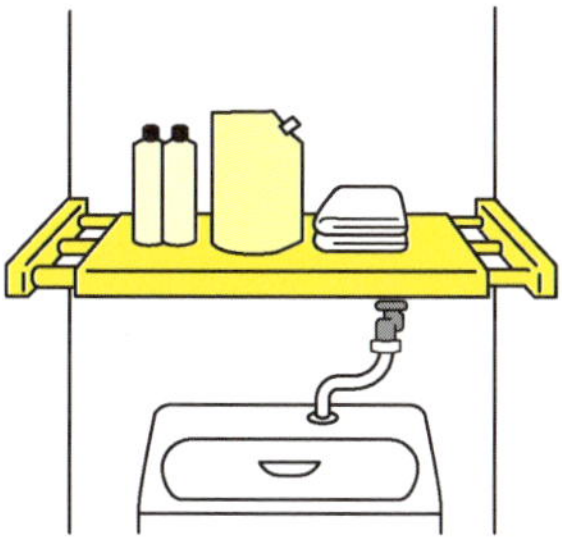

やはり突っ張り棚が大活躍！　洗剤や洗濯小物、タオルなどの収納スペースをつくれます。また、洗濯機まわりのスペースを有効活用できるようなラックも市販されています。

センパイの声

ユニットバスでシャンプーなどの収納スペースがなかったので、100円ショップでシリコン製のカゴを買ってきて大きめのS字フックで吊るして収納しています。吊るしているのでぬめりなどもなく、掃除も楽チンです！

（Lさん・大学生・男性）

センパイの声

突っ張り棚の下に、100円ショップのゴム製の自転車荷台カバーを設置。タオルやブランケットを収納しています。

（Iさん・会社員・男性）

暮らし
9

片付け

部屋をすっきり見せる

狭い部屋でもすっきり見せるアイデア

デッドスペースの活用以外に、**部屋の収納力をアップさせたり、見た目をすっきりさせたりする方法はいろいろあります。**

どうしてもスペースが足りなくなりがちですが、**工夫次第、アイデア次第ですっきり快適に過ごすことができる**のです。

ただ、便利な万能グッズだからといって、一気にたくさん買い込むのはNG。自分に合っているかどうかはわからないからです。はじめは必要最小限にとどめ、少しずつ便利グッズを取り入れていきましょう。

コード類をすっきり!

生活には欠かせない家電製品ですが、コードがごちゃごちゃしていると散らかって見えるので、からまないように束ねます。クリップやコード収納ケース、タップごと入れられるケーブルボックスなどを上手に利用しましょう。使わないケーブルやコード類は分け、何のコードだかわかるよう工夫を。

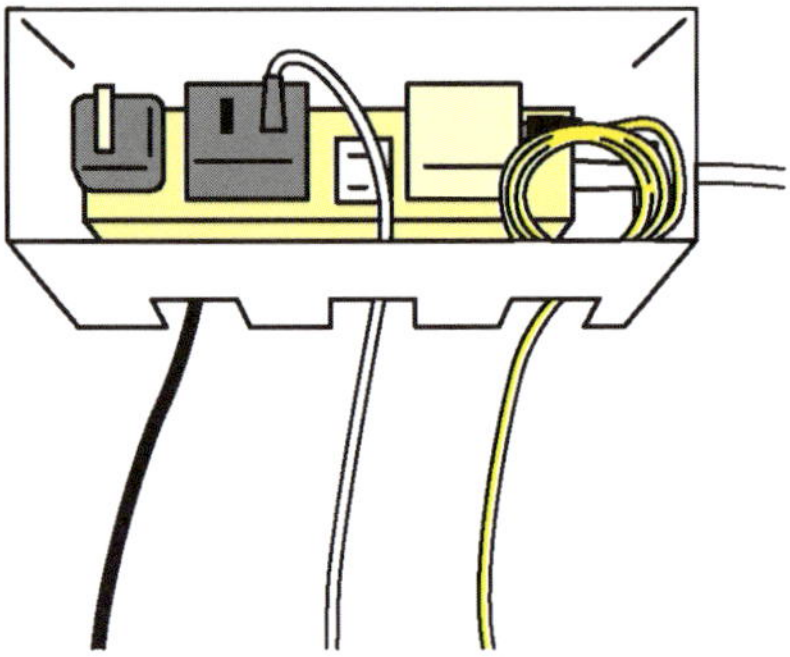

オープンラックにはおそろいのボックスやカゴを!

さまざまなものの収納に活躍するオープンラックやカラーボックス。おそろいのボックスやカゴなどを使ってすっきり見せましょう。同じメーカーのボックスを大小でそろえると引出しのように使えるようになり、棚の奥のものまで取り出しやすくなるメリットも。

ファイルボックスを文具以外の収納にも!

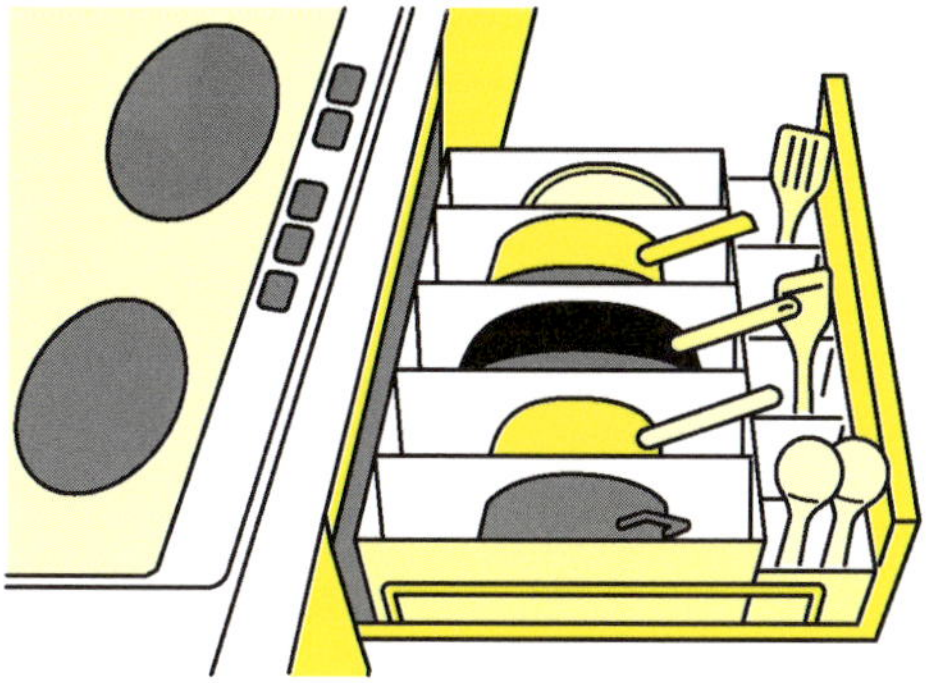

さまざまな素材やサイズのものが市販されているファイルボックス。書類を収納するだけでなく、食器や調理器具、食品や洗剤のストックなど、あらゆるものを「立てて収納」するのに大活躍します。水回りにはプラスチック製、食材のストックには背が低く幅広のタイプなど、目的に合わせて使い分けましょう。

見せる収納

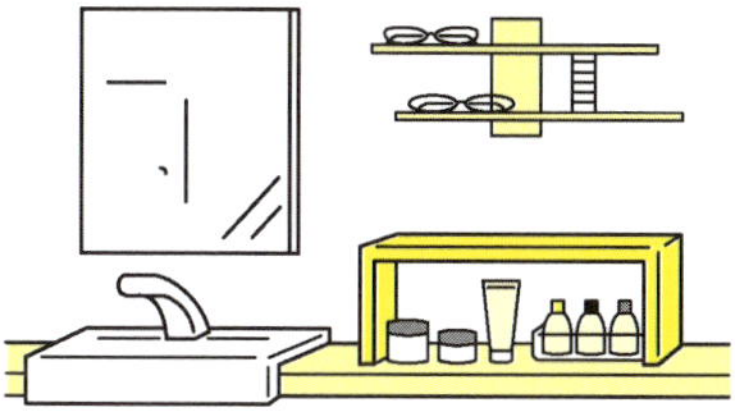

よく使うけれど収納に場所を取るようなものなら、見せる収納にできないかも検討してみましょう。壁を傷つけずに取り付けられるディスプレイラックなどが便利です。

キャスター付き家具

キャスター付き家具はフレキシブルに使えて便利です。押入れ収納なら奥行きを生かせますし、大きめのキッチンワゴンを調理スペース+テーブルのように使っても。

memo

画鋲や押しピンは使ってもOK?

壁面や扉の裏側を活用すれば、収納スペースがつくれます。壁紙をならせば目立たなくなる程度の画鋲穴なら許容されることも多いですが、まずは部屋のルールを確認しましょう。もしNG だったとしても、壁紙に跡が残らないタイプのはがせる粘着フックやホチキスで固定できるフックなどが市販されていますので、部屋の条件に合ったものを探してみましょう。

暮らし
10

洗濯の基本を知る

洗濯

一時保管は短めに

洗濯物が発生

カゴなどに入れる

脱いだ服はカゴなどに入れて一時保管。洗濯機に直接入れるのは菌が繁殖するのでNG。また、ポケットの中は空にしておきましょう。

洗うタイミング

毎日洗濯したいところですが、水道代も気になります。季節にもよりますが、だいたい2～3日に1回は洗濯をしましょう。もちろん、夏場に汗をかいたときなどはなるべく早めに洗濯するようにしましょう。

洗濯機に入れる前に下準備

洗濯物の仕分け

汚れ・シミなどは下洗いをする

泥汚れ、シャツの首周りや手首の脂汚れ、ついてしまったファンデーション、シミなどは、個別につまみ洗いをしたり、洗剤を少量入れたぬるま湯に1時間ほどつけおきしたりします。

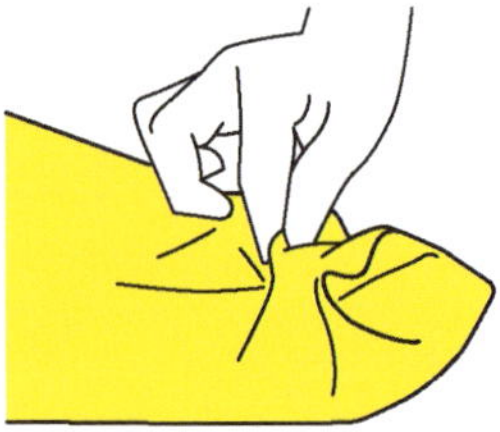

白いものと色柄ものを分ける

白い服と色もの・柄ものは分けて洗いましょう。特にジーンズや綿素材、赤・オレンジ・黒など濃い色の服は色落ちしやすいので要注意です。

洗濯表示記号で分ける

既製の衣類には、このような洗濯表示記号のタグが付いています。記号内の数字は液温の限度を示し、このマークがついていれば家庭の洗濯機などで洗うことが可能。下に線がある場合は弱水流、2本線なら最も弱い水流で洗います。また、手のマークがあるものは手洗いします。洗濯表示記号は基本は7種類からなり、そのマークや数字によって内容を読み取ることができます。

※最新の情報、詳しい記号の見方については消費者庁のHPや政府広報、各種洗剤メーカーや衣料品メーカーのサイトでご確認ください。

いよいよ洗濯！

洗濯

洗剤の選び方

実家で使っていたのと同じ種類の洗剤を購入すれば安心。もし新しいものを買うのなら、必要に応じてそろえていきましょう。

一般的な洗濯用洗剤
主に液体・粉末・ジェルの3タイプがあり、香り（無香料も）、抗菌、柔軟の機能などバリエーションが豊富なので、好みと使用感で選びましょう。

プラスアルファでそろえるなら
シルクやウールなどのデリケートな素材のものを手洗いするなら「おしゃれ着用洗剤」、襟元や袖口などの脂汚れが気になるなら「部分洗い用洗剤」、シミや黄ばみを強力に取りたいのなら「漂白剤（塩素系または酸素系）」、柔らかく仕上げたいなら「柔軟剤」があります。必要に応じてそろえていきましょう。

洗濯機洗い

基本的には、洗濯機の取扱説明書に従って洗濯すればOK。機種によってさまざまな洗濯メニューがあるので、実際に試しながら使いこなしていきましょう。

洗濯ネットも活用！
型崩れする下着や飾りのついた服などは、洗濯ネットに入れて手洗いコースなどで。

手洗い

ニットやシルク、ビジューなどのついた服、洗濯表示に手洗いとある服などは専用の洗剤を使って手洗いしましょう。洗面器などに洗剤を溶かし、軽く押しながら洗います。すすぎもぬるま湯で行います。

シワになる前に手早く干す！

干す・乾燥

すぐに干す

湿った状態の洗濯物をそのままにすると雑菌が繁殖します。シワ防止のためにも、なるべくすぐに干しましょう。

memo

部屋干しの場合は……

部屋に部屋干し用の設備がない場合は、浴室などに突っ張り棒を設置する、室内用の物干しを使うなど、工夫して干しましょう。なお、洗濯物は意外と重いのでカーテンレールに干すのはNG。カーテンレールごと落下する危険があります。

きれいに仕上げるポイント

空気に触れさせる
洗濯物を早く乾かすコツは、なるべく空気に触れている面積を広くすることです。洗濯物はなるべく間隔を空けて干しましょう。扇風機などで風を送るのも◎。

伸ばして干す
洗濯物を干すときには軽く引っ張ったりたたいたりしてシワを伸ばしましょう。アイロンがけが必要最小限で済みます。

最後の仕上げも手早く

取り込む・たたむ

ホコリを払って取り込む

洗濯物を取り込む際には、その場でたたく、振るなどしてホコリを払って取り込みましょう。地域・季節によっては洗濯物に虫などがとまっていることもあるので注意して。

なるべく早くたたむ

取り込んだ洗濯物をそのままにしていると、シワができてしまいます。面倒がらず、なるべく"取り込んだらすぐにたたんで収納"を習慣化しましょう。

Tシャツのたたみ方

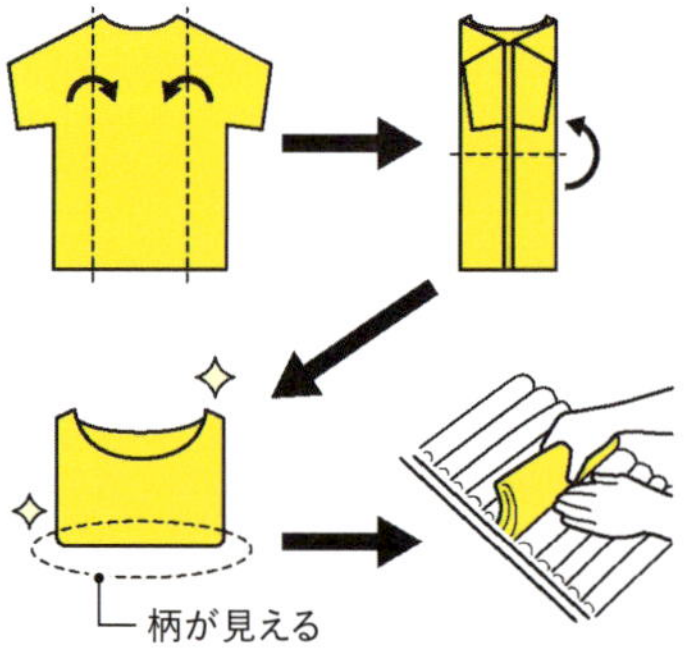

たたむサイズは収納場所に合わせて。同じ大きさ、形になり、柄の部分も見えるようにたたむと、取り出すときに便利です。下着や靴下も、コンパクトにたたみます。靴下は左右が迷子にならないように、ブラジャーはカップの形が崩れないように注意して。

洗濯Q&A

Q1 衣類を裏返して洗うのはNG?

厚手のボトムスなどは、むしろ裏返しにしてポケットを出すと早く乾かせます。また、飾りがついているものは裏返してネットに入れるのが安全。靴下も、裏返したままで洗うほうがにおいがよく取れるといわれています。たたむときに表にすればいいでしょう。

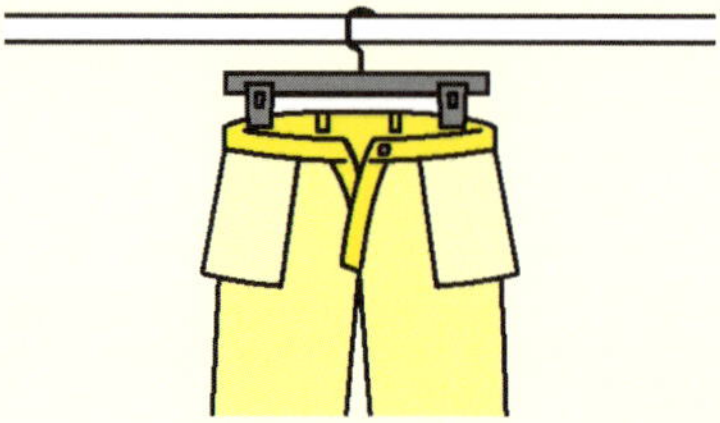

Q2 干したまま夜になったらそのまま干しておいてもOK?

夜露でせっかく乾き終えた洗濯物が湿ってしまうので、夜になっていても取り込みましょう。防犯のためにも、洗濯物を取り込んだほうが安心です。

Q3 パジャマは毎日洗うの?

人間は、寝ている間にコップ1杯分の汗をかくといわれています。可能ならパジャマは毎日新しいものを着ることをおすすめします。枚数が足りないなどの場合でも2～3日に1回は洗うようにしましょう。

暮らし
11

洗濯

洗濯の困ったを解決！

色うつりしちゃった！

こんなときには早めの対応が鍵になります。洗濯機から出すタイミングで色うつりに気づいたら、すぐ対処しましょう。白の無地のものなら塩素系の漂白剤につけおき、色や柄のあるものは、50°Cくらいの湯に酸素系漂白剤と規定の倍の濃度になる量の洗剤を入れてつけおき。その後、もう1回洗濯してみましょう。

ニットが縮んじゃった！伸びちゃった！

縮んでしまった場合は、おしゃれ着用の洗剤を溶かしたぬるま湯に30分ほどつけおきしてすすいだ後、元の大きさになるようやさしく伸ばしてみましょう。伸びてしまった場合は、伸びた部分にアイロンのスチームを当てながら形を整えてみましょう。

ティッシュを一緒に洗濯しちゃった！

枚数が少なければ、粘着テープや手で取ってもいいですが、時間がかかります。そんなときは、柔軟剤を入れた水に30分ほどつけ、すすぎと脱水を1回。それでも取れないときには、半乾きの状態で食器を洗うスポンジで表面をやさしくこすってみましょう。

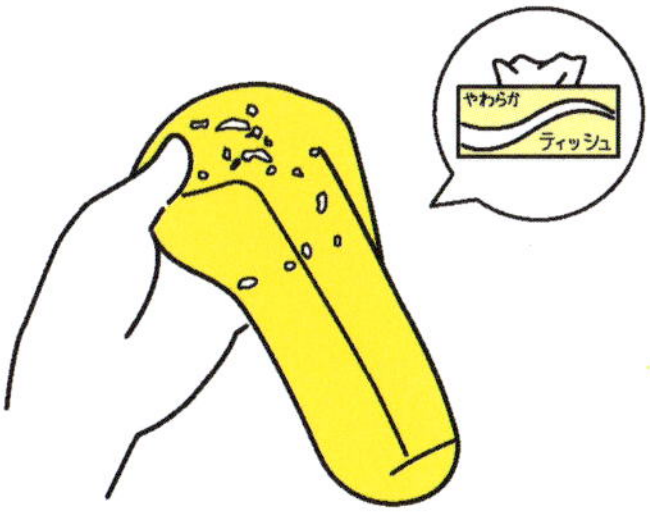

においが取れない……

梅雨時など、部屋干しすると独特のにおいがつくことがあります。こんなときは高温でアイロンをかけるとにおいの原因菌を退治できます。高温のアイロンがかけられない衣類の場合は酸素系漂白剤でつけおき洗いをしてみましょう。

黄ばみが取れない！

黄ばみの原因は、洗濯で落としきれなかった汗や皮脂汚れです。色や柄のあるものは酸素系、白い無地のものは塩素系の漂白剤を40～50°Cの湯に溶かしてつけおき洗いをしてみましょう。

暮らし 12

洗濯

寝具を清潔に保つ

寝具を清潔に保ち快適な睡眠環境を

人間は寝ている間にコップ1杯分もの汗をかくといわれています。汗を吸った寝具をそのままにしておくと、湿気がたまり寝心地が悪くなるだけでなく、アレルギーや体調不良の原因となるカビの発生やダニの繁殖を引き起こすことも……。

快適な睡眠で健康に暮らしていくためにも、寝具は清潔に保ちましょう。

布団・枕

布団や枕は寝ている間にたくさんの汗を吸ってくれています。1～2週間に1回は天日に干して日光消毒をしたいものです。バルコニーがないなど外に干せないのなら日の当たる室内で椅子などにかけて干したり、布団乾燥機を使ったりしてもいいでしょう。

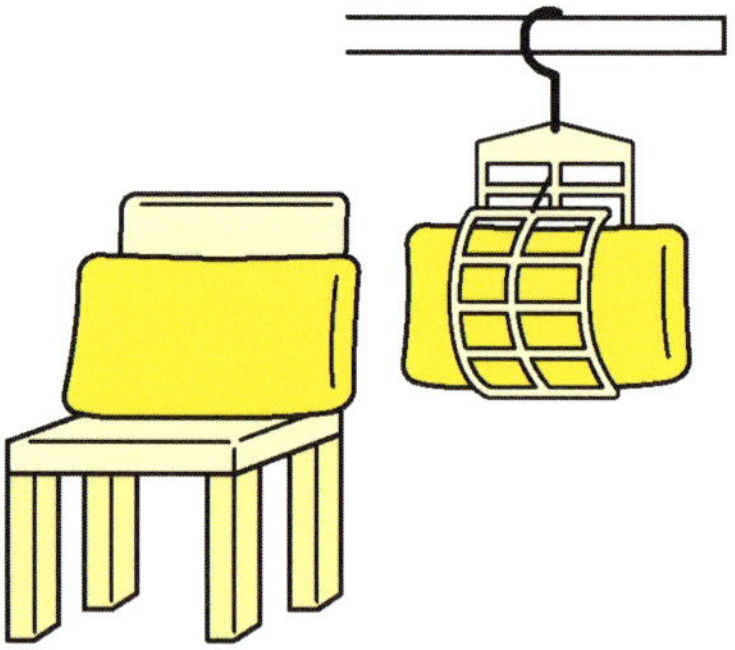

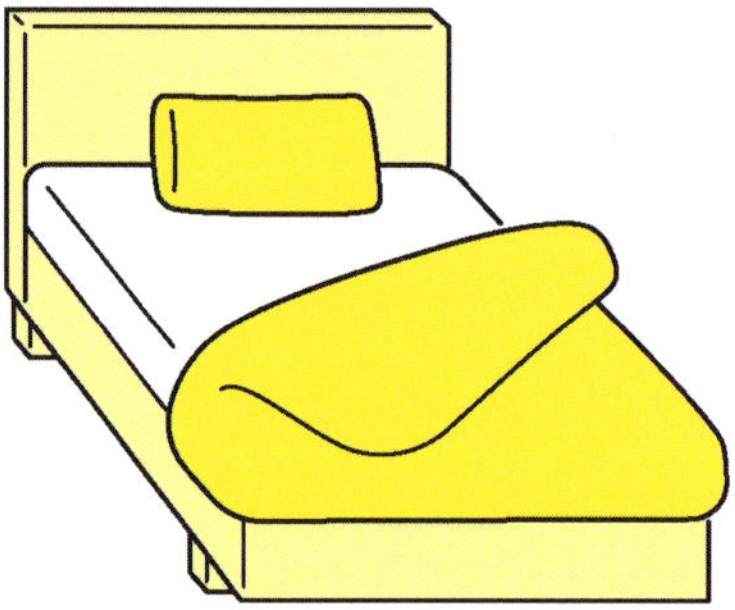

カバー類・タオルケットなど

シーツやベッドカバーは清潔に保ちましょう。少なくとも週に1回は取り替えたいもの。洗い替えも用意し、曜日を決めて取り替えるようにすると◎。

マットレス

湿気がたまりやすく不衛生になりやすいので、ときどき、風通しのいいところに立てかけるなどして乾燥させましょう。また、内部の汚れは1～2カ月おきに表面にゆっくり掃除機をかけて吸い取りましょう。

布製インテリアのケア方法

布製のソファなどの日常のお手入れは、粘着クリーナーや掃除機などで表面の汚れを取り除けばOK。もし気になる汚れを見つけたら、薄めた中性洗剤で拭いて落としましょう。

暮らし 13

洗濯

クリーニングに出す

大切な服のケアはプロに任せる

ホームクリーニングも一案ですが、失敗すると大切な衣類をダメにしてしまうことも。ときにはプロに任せましょう。ドライクリーニングの表示がある服はもちろん、**型崩れをしてしまうと困るスーツ、アイロンがけが難しそうな服などは、クリーニングに出しましょう。**

クリーニングに出すもの

洗濯表示を確認して手洗いができない衣類や、アイロンがけが難しい服、シルエットを崩したくないスーツなどは、クリーニングに出したほうが安心です。また、コートなどの季節ものの衣類は、衣更えでしまい込む前にクリーニングをするといいでしょう。

クリーニング店選び

仕上がりはもちろん、営業時間や定休日、価格帯などを考慮して自分に合った店を選びましょう。仕上がった衣料の配達、オフシーズン衣類の預かりサービスなどがある店も。

クリーニングに出すときのPOINT

まずはポケットの中を空っぽに。また、スーツなどは上下一緒にクリーニングに出しましょう。汚れが気になる箇所がある場合はお店の人にきちんと知らせましょう。

クリーニングから戻ってきたら

まずは取り違えなどがないかの確認を。また、汚損はないか、シミ抜きなどを依頼していた場合はその箇所の仕上がりなども確認しましょう。かかっているビニールをそのままにすると衣類が湿ってしまうので、帰宅後はすぐに外しましょう。

memo

コインランドリーも上手に使おう!

家で洗えないもの=クリーニングではなく、コインランドリーも上手に使いましょう。布団などが丸洗いできるコインランドリーもあり、大物を洗う場合、乾燥まで一気に済ませたい場合などは活用してみるといいでしょう。

暮らし 14

掃除

エリアごとの掃除の頻度

小さな掃除を生活のリズムのひとつに

生活をしていれば、必ず部屋が汚れ、掃除が必要になります。つい後回しにしてしまいがちな掃除ですが、後回しにすればするほど、ますます大変になってしまいます。「ため込む前にやってしまう！」が掃除の大原則。まずは掃除を習慣化しましょう。**1日10～15分程度、曜日ごとに場所を決めて、負担にならない程度の「ちょこっと掃除」をしてみると**いいでしょう。汚れがひどくならないうちに掃除をすることになるので、年末などの大掃除も格段に楽になります。

掃除の行き届いたさっぱりとした部屋で、心地よい暮らしを満喫しましょう。

汚れやすい場所を知っておこう

バス・洗面所

排水口まわりはもちろん、バスタブ、洗面器、椅子の下、床などにヌメリが生じやすいです。

キッチン

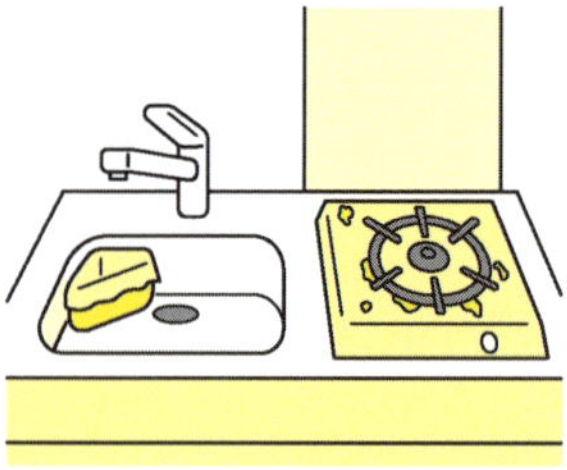

排水口と生ゴミを入れた三角コーナーは汚れがち。コンロのまわりには油汚れがつきやすいです。

部屋

テーブル、デスクのまわり、ベッドのまわりなど、使ったものはすぐ片付けることを心がけましょう。

トイレ

便器まわりの床の汚れのほか、便座の裏側にも見落としがちな汚れが！　嫌なにおいの発生源です。

大掃除

年末、季節の節目などに
行う本格的な掃除

エアコン掃除

季節の変わり目に掃除をすることで、運転効率もよくなります。

断捨離

衣更えのタイミングで、着る機会の減った衣類を整理しましょう。

週1／月1の掃除

ゴミの収集日などに
合わせた定期的な掃除

部屋

土曜日の朝など、スケジュールを決めて掃除機をかけましょう。また、資源ゴミの収集日前に、読み終えた雑誌や新聞、古紙などを集めましょう。

トイレ

トイレットペーパーを交換するタイミング、燃えるゴミの日などに掃除をすると決めれば忘れません。

ついでの掃除

使うたび、何かのついで
などに行う毎日の掃除

洗面所

歯磨きが終わったらシンクと鏡をサッと拭き掃除。シンクや床に落ちた髪の毛も拾ってゴミ箱へ。

キッチン

お皿を洗うついでに、シンクまわりも掃除用のスポンジでこすり洗いしましょう。

キッチンの排水口まわり

燃えるゴミの収集日の前夜の掃除がおすすめです。においの気になる生ゴミも朝イチで出せてすっきり!

バス

入浴後、お湯を流すときにサッと浴槽のこすり洗いをしておくだけでも汚れがたまりにくくなります。

月	火	水	木	金	土	日

ゴミを出せる曜日に合わせて、掃除の予定を立ててみましょう。

暮らし
15

掃除

そろえたい掃除用具

掃除用具は汎用性のあるものを！

ひとり暮らしの掃除用具は、必要最小限のものをそろえればOKです。

食器用洗剤、マイクロファイバークロス、ほうきとちりとりなど、**ひとつで何役にもなるような掃除用具をまずはそろえましょう。**しかもこれら3つは、100円ショップのアイテムで間に合わせることも可能です。

ものが多いと片付けが大変になるのは掃除用具も同じです。**汎用性のある掃除用具を幅広く使う、使い古しの歯ブラシや古着などを活用する**など、ものを増やさない工夫も大切です。

ちょこっと掃除の便利グッズ

「掃除の必需品！」というほどではないけれど、そろえておくと掃除が少し楽になったり、便利になったりするグッズを紹介します。

髪の毛や
ペットの毛に！

粘着クリーナー

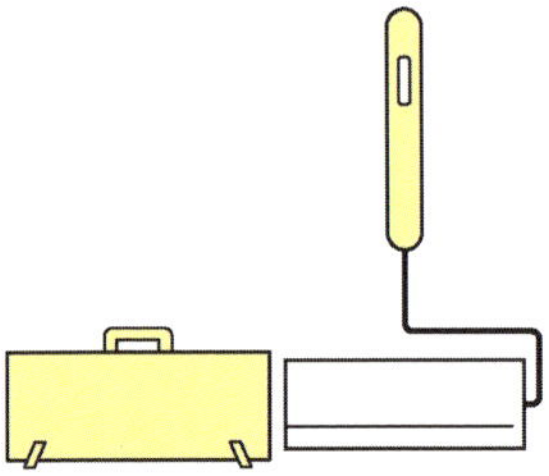

通称「コロコロ」。場所も取らないし、気づいたときにサササッと手軽に掃除ができてとても便利です。

拭き取りクロス
ならコレ！

マイクロファイバークロス

繊維が細かく、従来の布よりも吸水性や速乾性にすぐれています。さらに、汚れをからめ取る力も強力！

玄関や
ベランダに！

ミニほうき＆ちりとり

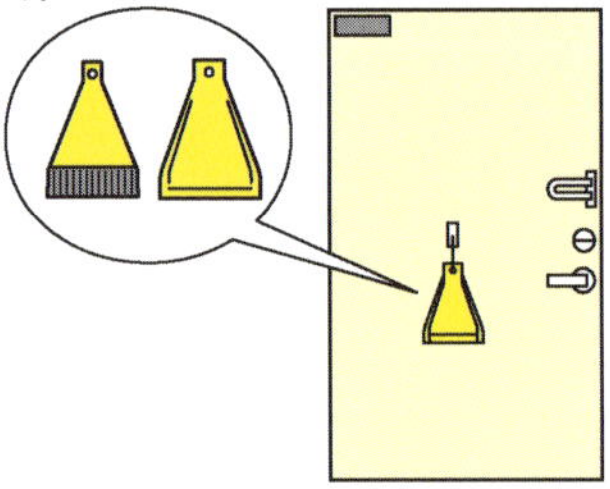

100円ショップでも買えるほうき&ちりとりのセットですが、サッと使えるので1つあるととても便利！　いつでも取り出せるようインテリアを兼ねて飾ってもよし。民芸品になっている和ぼうきなども風情があります。

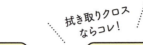

基本の掃除用具

掃除用具の代表格！

掃除機

さまざまなタイプがありますが、ひとり暮らしなら、場所を取らないコンパクト掃除機やハンディ掃除機がおすすめ。日中に留守がちなら、ロボット掃除機を使うのも一案です。

夜でも静かに掃除ができる！

フローリングワイパー

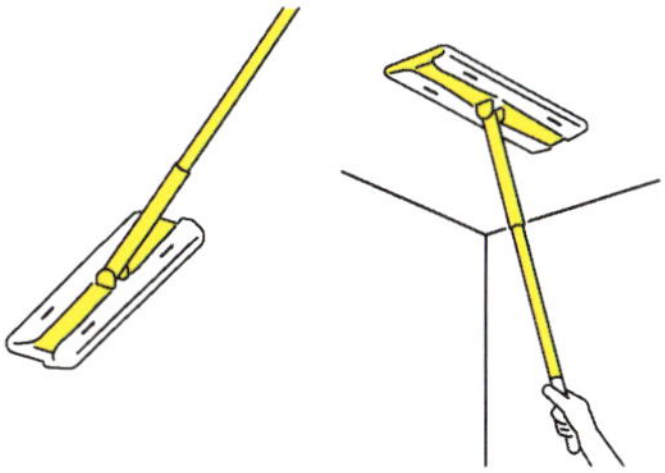

フローリングの床はもちろん、天井や壁の掃除にも汎用性が高くて便利！　専用のシートを買わなくても、マイクロファイバークロスで代用できます。

重曹

重曹はマルチに活躍してくれる万能アイテム！　アルカリ性なので酸性の油汚れに威力を発揮するのはもちろん、消臭、除湿、ヌメリ取りなどでも大活躍します。

重曹スプレー

コンロや換気扇の油汚れや排水口のヌメリ汚れには、重曹スプレーが便利です。約100ccの水と重曹小さじ1杯をスプレー容器に入れて振るだけで簡単につくることができます。

重曹クレンザー

コンロのコゲつきやシンクの水アカ汚れなど、しつこい汚れには重曹クレンザーが◎。汚れが気になる部分にたっぷり振りかけてスポンジで磨きましょう。手肌には低刺激なのに汚れはピカピカに落とせます。

食器用洗剤

実は最初に買うべき洗剤はこれ！　食器洗いはもちろん、中性なので風呂やトイレなど、家中の掃除に転用することができます。

クエン酸

酸性のクエン酸は、キッチンの水アカ汚れなど、アルカリ性の汚れを中和して落としやすくしてくれます。

memo

掃除グッズの増やしすぎ注意

用途ごとにたくさんの洗剤や掃除グッズがありますが、ひとつひとつ買いそろえていくとコストがかさみ、保管場所も取ってしまいます。ひとり暮らしの場合は全部そろえようと考えなくてもOK。最低限のものを厳選してそろえましょう。

暮らし
16

掃除

部屋の掃除のポイント

効率的な手順で掃除をスムーズに！

日常のちょこっと掃除を習慣化するのはもちろんですが、やはり休日などに時間が取れたときには本格的な掃除をしてすっきりとした部屋を保ちたいものです。

部屋全体の掃除をする際のポイントは、効率的な手順で行うこと。「45分で終わらせる！」などと目標を決めたり、気分が上がる音楽をかけながら掃除をしたりするのもいい方法。

また、掃除をするときには、窓を開ける、換気扇を回すなどしてホコリが外に出ていくようにしましょう。

基本の手順

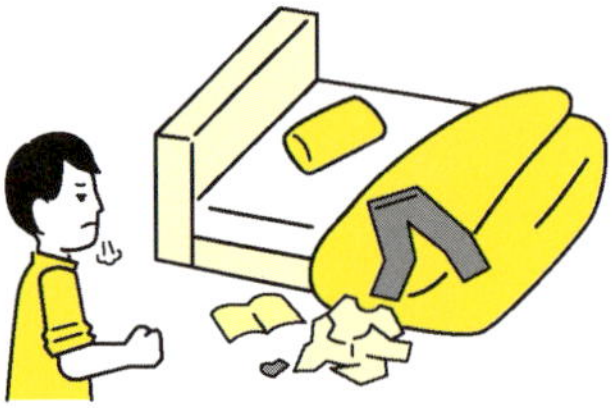

出しっぱなしのものを片付け、不要品を捨てる

掃除の前に、まずは片付け！　床、机やベッドの上などに、脱ぎっぱなしの服、読んだままの本や雑誌などはありませんか？　捨てたり、所定の位置にしまったりしましょう。

目立つ汚れを落とす

まずは手ごわそうな大きな汚れから着手！　床と壁の間の幅木や窓サッシのホコリ、カーペットのシミなど、目につくところをきれいにするとやる気が上がります。

上から下へホコリを落とす

まずはカーテンレールや照明器具など、高いところからホコリを落とし、きれいにしましょう。ホコリは上から下に落ちるので、逆だと二度手間になります。

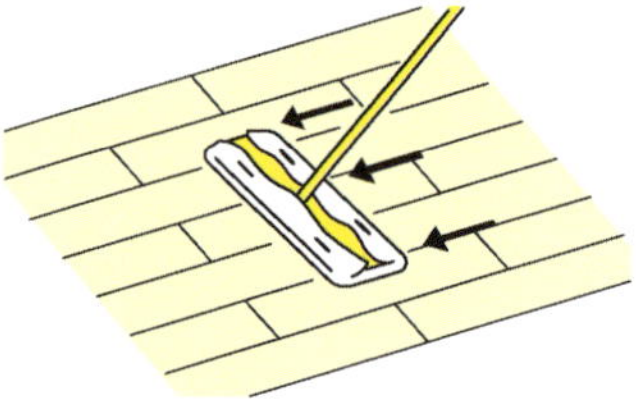

一方向に床を掃除

最後の仕上げは床掃除です。雑巾がけでも、フローリングワイパーや掃除機の場合でも、きれいにしたところを踏まないように、部屋の奥から手前へ動きましょう。

きれいな部屋に見せる掃除のコツ

窓
日常的な砂ボコリ程度の汚れはマイクロファイバークロスで水拭き→から拭きをするだけでも落ちてくれます。掃除をするのならくもりの日のほうが汚れがわかりやすいのでおすすめです。

ベッド
上にごちゃごちゃとものを置かないようにしましょう。

小物
部屋がごちゃごちゃして見えてしまう最大の要因のひとつ。なるべくまとめて出しっぱなしにならないようにしましょう。

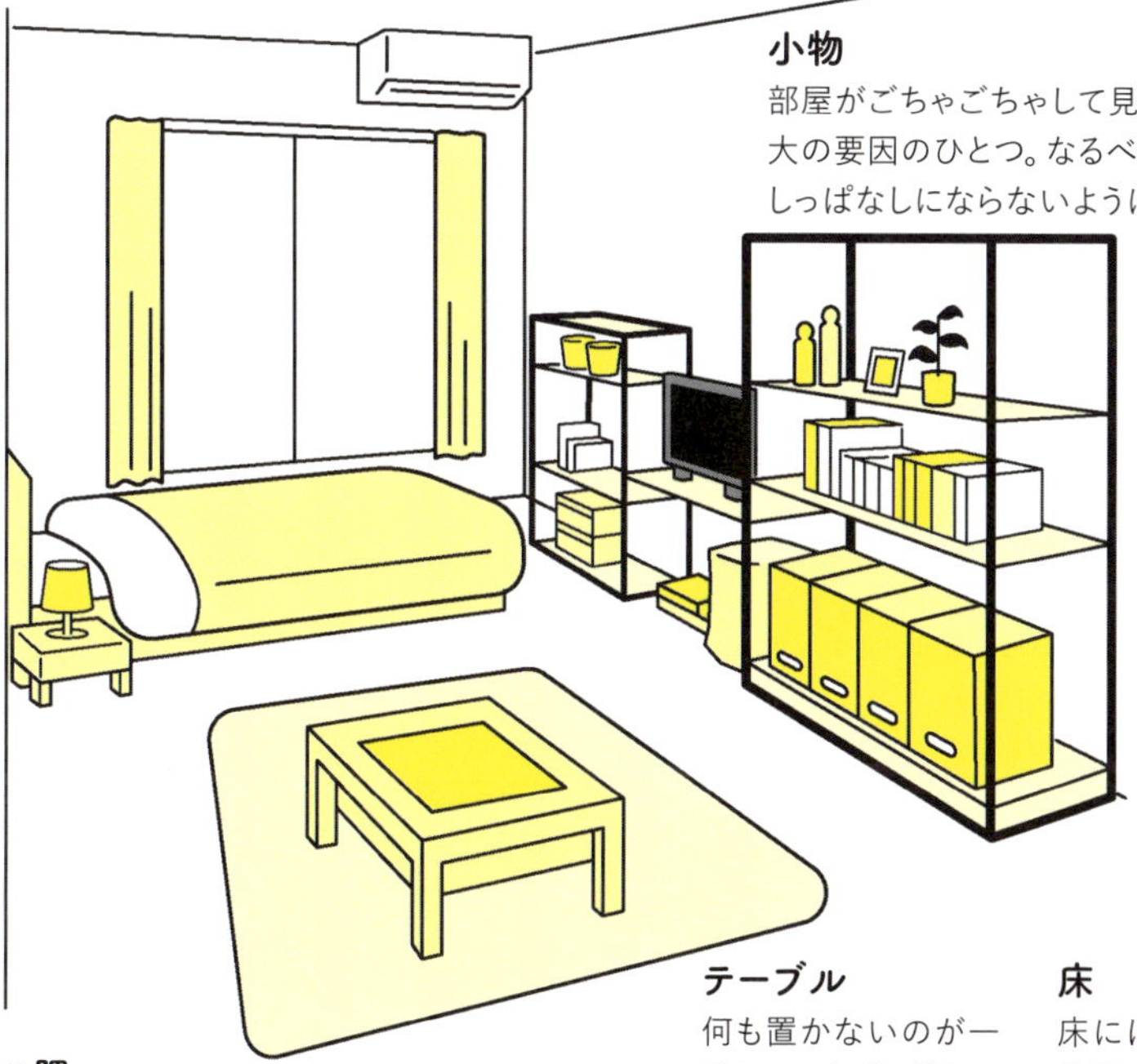

部屋の隅
気がつくと綿ボコリや髪の毛などが集まってしまうのが部屋の隅。掃除機でササッと吸ってしまいましょう。また、電化製品のコード類はケーブルボックスに入れるなどしてごちゃつかないようにしましょう。

テーブル
何も置かないのが一番！　ですが、難しい場合にはカゴなどに入れてひとまとまりにして、散らかって見えないようにしましょう。

床
床には極力、ものを置かないのが大原則です。ゴミや髪の毛は見つけるたびにちょこっと掃除の習慣を。

memo

家電製品は取説で掃除方法をチェック！

つい掃除を忘れてしまいがちなのが家電製品。でも、掃除やメンテナンスをせずに使い続けると機能が低下したり、故障の原因になったりします。取扱説明書には「お手入れの方法」として掃除の仕方も記載されています。これに従って定期的に家電製品の掃除をして長く使えるようにしましょう。

暮らし 17

キッチン掃除のポイント

掃除

料理・食事のたびにすぐ掃除を習慣化！

毎日、料理をしたり食事をしたりするたびに必要になってくるキッチンまわりの掃除。**ポイントは、なんといってもため込まないこと**です。

たとえば食器洗い。1回の食事で使った分を洗うだけならほんの数分ですが、ため込んでしまうとおっくうに。そして汚れ自体も取れにくくなってしまいます。

排水口のヌメリや換気扇、コンロまわりの汚れなど、キッチンまわりの掃除には手ごわいイメージがあるかもしれません。でも、こまめな掃除ができていればそこまで大変ではありません。**常に清潔を保ちたいキッチンだからこそ、「使ったら即掃除」をルーティンにしたい**ものです。

使ったらすぐ掃除できれいを保とう！

食器や調理器具を洗う

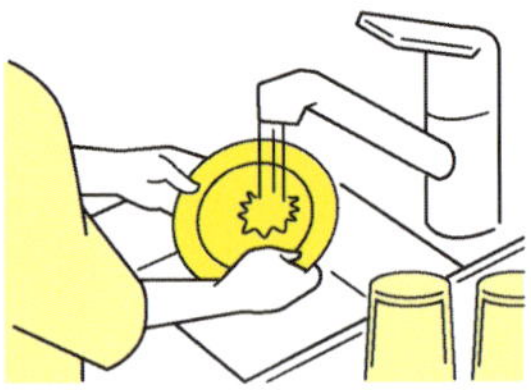

「使い終わったらすぐに洗う！」を習慣にしましょう。やむをえない場合も、茶碗を水につける、油汚れに洗剤をかけておくなどの下準備を。

水気を拭き取って水アカ予防！

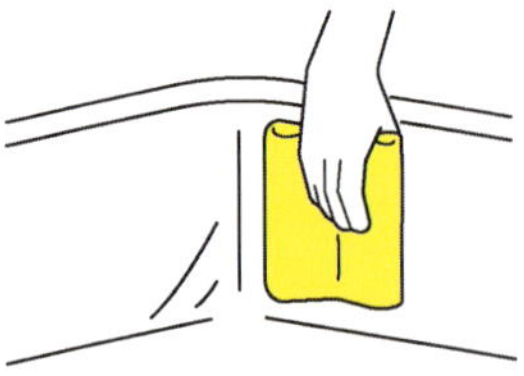

食器と調理器具を洗い終えたら、最後にシンクもきれいに。マイクロファイバークロスでサッとシンク全体の拭き掃除をすると◎。

コンロまわりは温かいうちに拭き掃除

コンロまわりの汚れは冷えると落ちにくくなります。触れる程度まで冷めたらすぐにウェットシートなどで拭きましょう。

memo

生ゴミの処理

ひとり暮らしのキッチンのシンクは狭いことが多いので、生ゴミは三角コーナーにためず料理のたびにこまめに処理を！　コーヒーかすや重曹を一緒に入れるとにおいが緩和されます。

定期的なケアのポイント

コンロの五徳

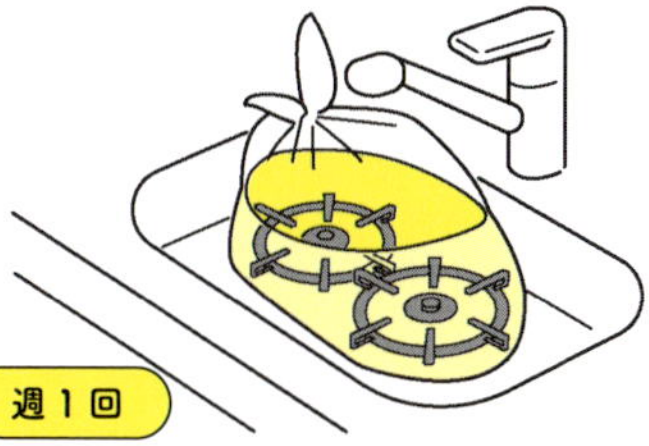

週1回

コンロの五徳は外せることが多いです。料理が終わったら余熱が残っているうちにウェットシートやマイクロファイバークロスなどで汚れを拭き取る習慣を。手ごわい汚れは洗剤を溶かした湯でつけおき洗いを！

シンクの排水口

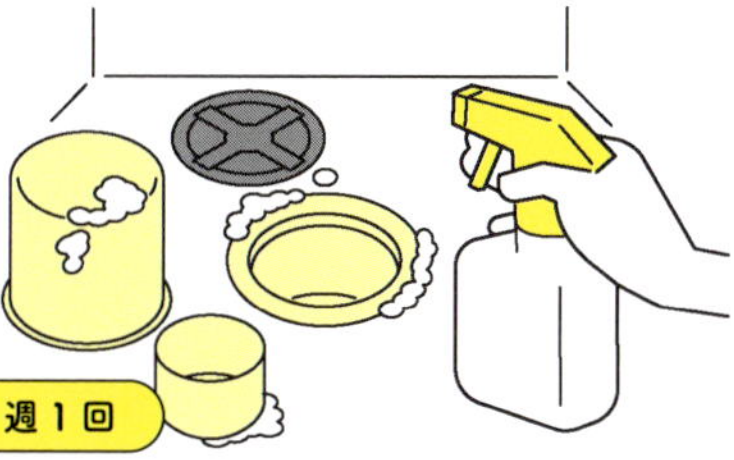

週1回

日頃から除菌スプレーなどを活用して菌の増殖を抑えましょう。重曹2：クエン酸1の割合で混ぜたペーストや粉末を排水口に直接かけ、そこに水を流して5分ほど放置するとピカピカになります。

調理家電類

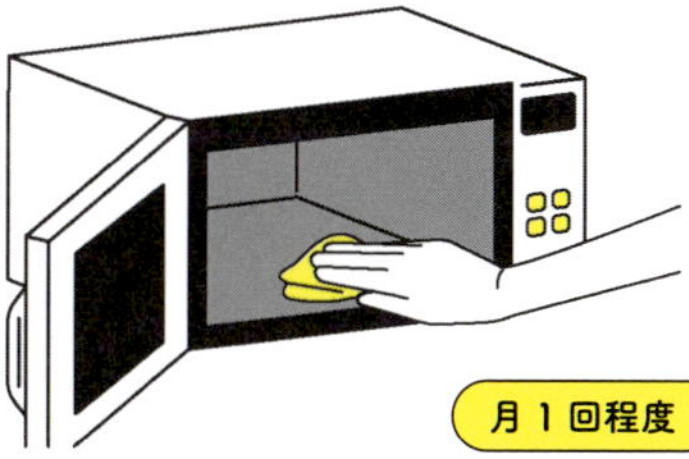

月1回程度

電子レンジや冷蔵庫、炊飯器、コーヒーメーカー、ジューサーなど、さまざまな調理家電があります。食品を扱うので清潔を第一に、お手入れの方法はそれぞれの取扱説明書でしっかり確認！

換気扇カバーとファン

季節ごと～半年に1回程度

空気と一緒に料理中の油を吸い込んでギトギトになってしまうのが換気扇まわり。調理後に毎回拭き掃除をし、料理の頻度に応じてつけおきなど本格的なフィルター掃除もしましょう。

センパイの声

換気扇や生ゴミの三角コーナーなどには、触りたくもないような汚れがたまるので、掃除は基本、「取り替えるだけ・捨てるだけ」で済むようにしました。換気扇のフィルターカバーや使い捨ての三角コーナーなどを活用しています。

（Cさん・大学生・女性）

センパイの声

一度唐揚げをつくったら、ワンルームでキッチンが独立していないこともあり、部屋中が油くさく！油はねなどの掃除がとても大変で、さらに揚げ油も1人分だともったいない気がしたので、「揚げ物はしない！」と割り切りました。

（Wさん・会社員・男性）

暮らし
18

掃除

トイレ・バス・洗面所掃除のポイント

トイレ

換気扇
トイレの換気扇が詰まっていると悪臭が残る原因に! トイレ掃除の最初に、フローリングワイパーや掃除機でホコリを取りましょう。

壁
特に男性の場合、見えないところの壁にも尿が飛び散っているもの。全体をシートで拭きましょう。

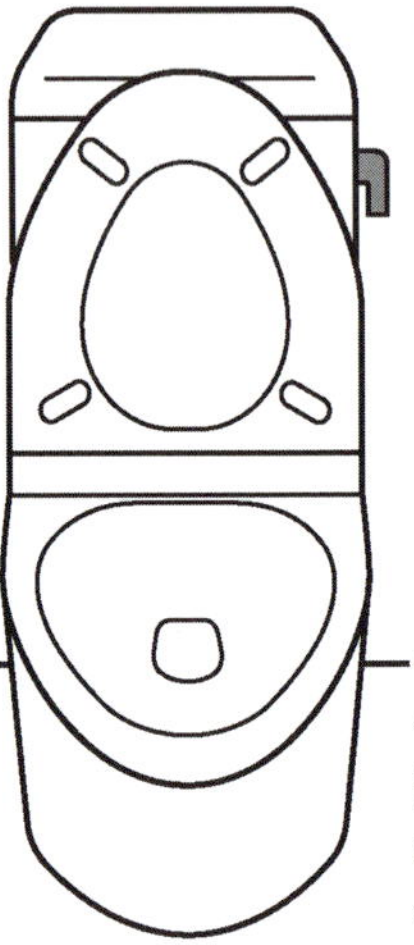

便座のフタ
裏表両面をシートで拭きましょう。カバーをしている場合はカバーの交換を。

タンク
水アカ汚れや石灰がたまりやすい場所です。日頃からこまめに拭き掃除を。

便座
見落としがちなのが便座の裏! 尿ハネや便の汚れがつきやすく、放置するとにおいの原因になります。

ペーパーホルダー
ペーパーホルダーも気づかないうちに汚れてしまいます。カバーは定期的に交換をしましょう。

床
見た目ではわからなくても、尿ハネなどで汚れているもの。シートで拭き掃除を。においの原因になることもあるので、トイレマットはなくてもOKです。

便器
中性洗剤をかけてトイレブラシでこすりましょう。トイレブラシは雑菌が繁殖しやすいので、よく洗って天日で乾燥させます。または使い捨てのものを。

毎日使う水回りはこまめな掃除が鍵

朝起きたとき、外出の前、帰宅時、就寝前……と、1日に何度も使うのが、トイレ、洗面所といった水回りです。そしてこれらは、汚れがついたり、カビが発生したり、においが気になったりもしがちな場所。**ここをきれいに保つことができるか否かで、生活の快適さが大きく違ってきます。**

排水口やトイレなど、慣れないうちは掃除をするのに少し抵抗があるかもしれませんが、逆にこういった場所をきれいにできると、心まですっきりするものです。

1日の終わりに、もしくは使った後に、**ちょこっと掃除を習慣にすると、清潔な水回りで毎日気持ちよく過ごせます。**

バスルーム

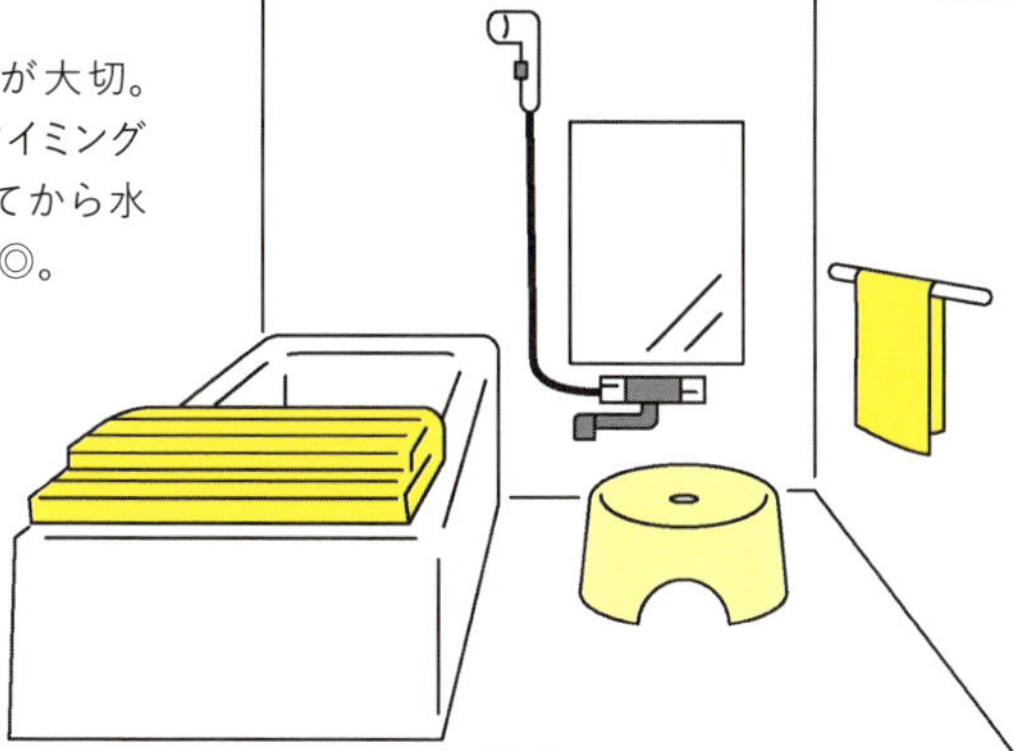

照明
ぬらしたスポンジまたはクロスに洗剤をつけ、ホコリなどを取りましょう。

蛇口・シャワー
水アカがたまりやすい箇所です。シャワーヘッドや蛇口まわりの細かい部分の掃除には使い古しの歯ブラシが活躍します。

換気扇
浴室の換気が不十分だとカビが発生しやすくなります。取り外せるタイプならフィルターを掃除し、換気扇が十分に性能を発揮できるようにしましょう。

壁・天井
日頃の手入れが大切。風呂上がりのタイミングで冷水をかけてから水滴を拭き取ると◎。

小物
ラックなどに発生したヌメリは、洗剤をスプレーしてこすり洗い。ヌメリ予防のためには、吊るす収納にするのもひとつの方法です。

バスタブ
ぬらしたスポンジまたはクロスに洗剤をつけ、全体をサッと拭き洗いしましょう。

フタ・椅子
汚れが気になったら、バスタブにお湯をため、酸素系漂白剤を入れてつけおき洗いを。

床
日頃から、洗い流したボディソープの泡を利用してこすり洗いをしておけば、風呂掃除が楽になります。

排水口
髪の毛は毎回きちんと捨てましょう。また、パイプクリーナーを使っていても、定期的にゴミ受けを外して内部まで洗うことが必要です。

洗面所

鏡
歯磨きや洗面などのときの水ハネが汚れになります。洗面所を使ったら、最後にクロスで拭き掃除をする習慣をつけましょう。

蛇口
メラミンスポンジや使い古しの歯ブラシなどでこまめに水アカ汚れを落としましょう。吐出口も忘れずに。

棚・小物
棚板の部分に、ホコリと化粧品や整髪剤などの汚れがたまりがち。こびりつく前に拭き掃除をしましょう。

ボウル
落ちた髪の毛はティッシュペーパーでササッとまとめてゴミ箱へ。メラミンスポンジやクロスをスタンバイさせておき、使うたびに水気があるうちにこすり洗いを習慣化すれば、いつでもきれいに過ごせます。

暮らし
19

掃除

カビ・におい対策

カビ・においスポットを知ろう

キッチン
キッチンのにおいの原因は排水口と生ゴミ。排水口はこまめに掃除をし、生ゴミは極力ぬらさない工夫をしましょう。放置すると雑菌が繁殖して強烈なにおいになってしまいます。

玄関
はいた靴や使った傘などの湿気をそのままにしておくと嫌なにおいの原因に。傘は可能なら外で乾かすのがおすすめ。小皿に重曹や炭を置くと除湿&消臭のW効果が期待できます。

バス・トイレ
排水口にたまったゴミは毎日捨て、定期的にパイプクリーナーも活用しましょう。換気扇もなるべくONに。浴室に線香をたくとカビ予防になります。

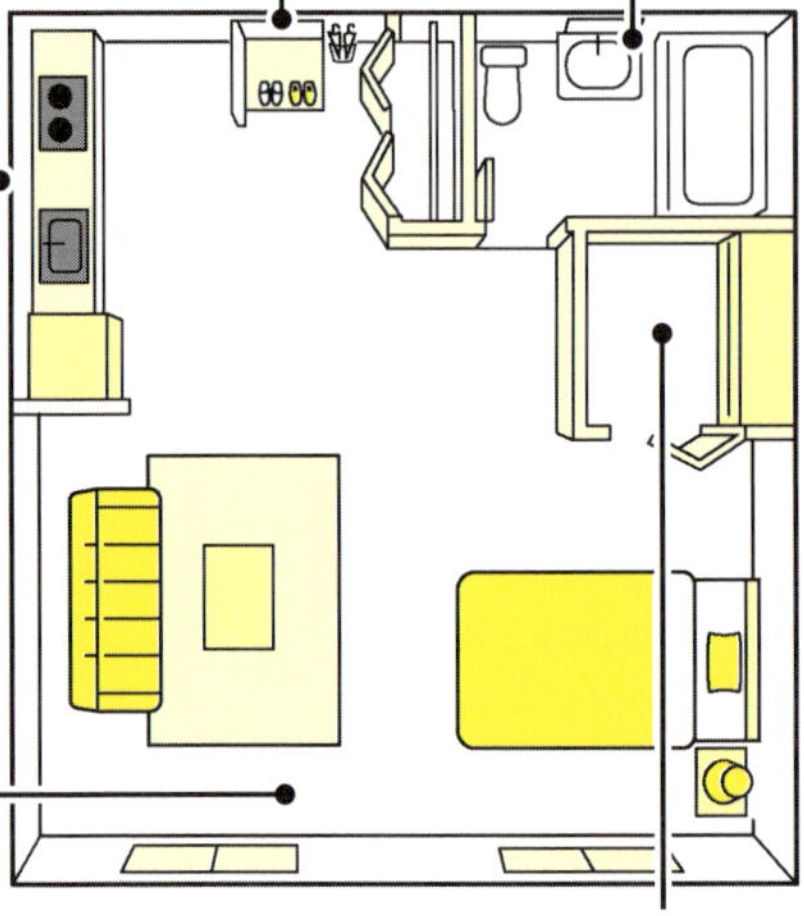

部屋
自分では気づかなくとも、特に気密性の高い部屋などではにおいがこもってしまうもの。朝晩10分程度でもいいので換気を心がけましょう。花粉の時期などは空気清浄機を利用します。

押入れ・クローゼット
湿気がこもるとカビやにおいの温床になります。出かけるときに開け放しておく、週末に扇風機で風を送るなどしましょう。ものをたくさん入れ過ぎないことも大事です。

不快・不潔のもと カビ・においを除去

不潔感のあるカビは、不快なだけでなく、吸い込むことでアレルギーや呼吸器系疾患など健康をそこねる原因になります。冬場など、窓に発生した結露は早めに拭き取ることでカビだけでなく風邪の予防にもなります。

また、においも暮らしを快適ではないものにしてしまいます。**毎日、換気をして、部屋の空気を新鮮なものに保ちましょう。**窓が開けられないときには、換気扇を回して扇風機をつけたり、空気清浄機やエアコンのドライ機能を活用したりして換気します。

部屋の空気のよどみをなくすことが、カビ対策・におい対策の極意です。

カビを除去する方法

室内のカビ

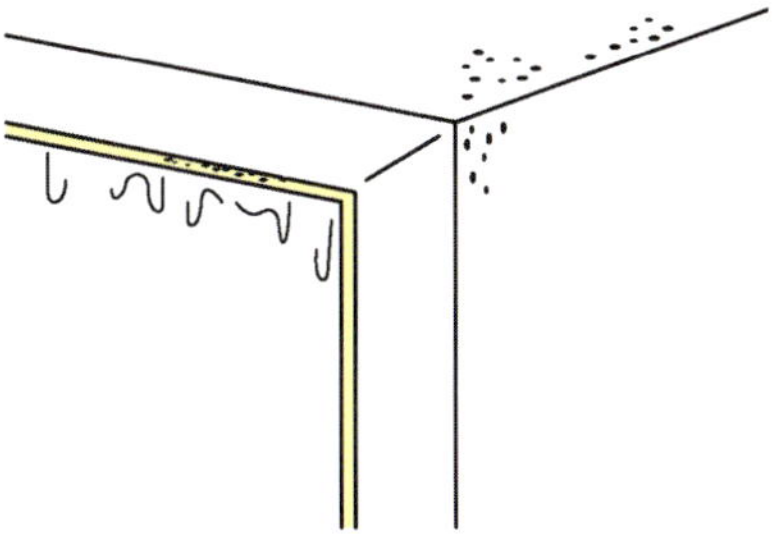

カビは雑巾で拭いたり掃除機で吸い取ったりしても、胞子が広がってしまい根本対策になりません。アルコール除菌スプレーなどでカビを死滅させましょう。

水回りのカビ

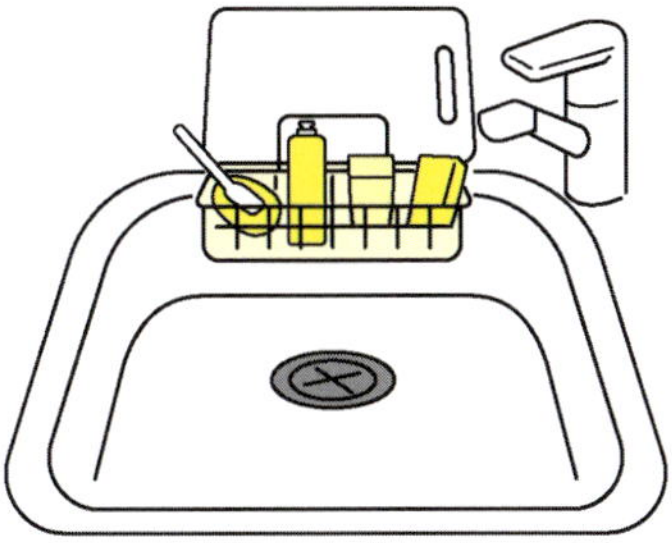

温度と湿度がカビを招くので、使った後に冷水で温度を下げ、水気を拭き取ることを習慣に。換気扇はなるべくON のままに。発生したカビには専用洗剤を。

においを除去する方法

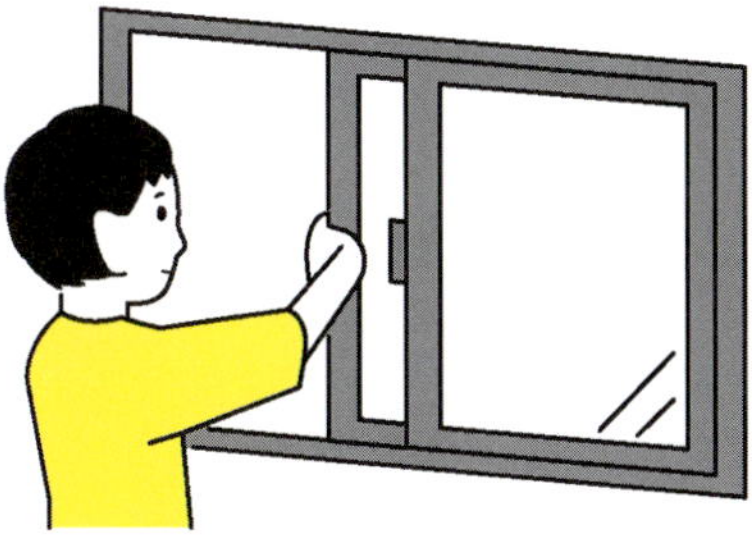

室内

部屋のにおいを追い出すのに最も効果的なのは換気です。朝晩、窓を開けて換気することを心がけましょう。出先で服ににおいがついてしまったときは、におい消しスプレー、次亜塩素酸水などで消毒&消臭を。ケミカルなにおいが苦手なら、樹木系のアロマオイルにも消臭効果があります。

排水口

面倒くさがらずに毎日ゴミを取り、定期的にパイプクリーナーも活用しましょう。それでもにおいがキツい場合には専用のブラシで奥まで徹底掃除を。

memo

ペットがいる場合は……

まず、トイレトレーニングはしっかりと。トイレの砂などもこまめに交換しましょう。ブラッシングは毎日、月1回はシャンプーを。次亜塩素酸水やペット用の消臭スプレーも活用しましょう。

暮らし
20

掃除

害虫対策

害虫対策は
寄せ付けない環境から

実家で暮らしていたときには、きっと家族の誰かが退治してくれていた害虫。**ひとり暮らしを始めたら、自分で対策をしなくてはなりません。**

害虫が好むのは、暖かく、湿度が高く、薄暗くてホコリの多い狭い場所。そんなスペースをつくらないようにする**基本はやはり掃除と換気です。**

また、ゴキブリをはじめダニなど他の害虫も寄せ付けにくくできるのがハッカ（ミント）の香り。スプレー容器に無水エタノール10mℓとハッカ油（ペパーミント精油も可）15滴程度、精製水90mℓを入れて振り混ぜるだけで簡単につくれるので、玄関や窓などにかけておきましょう。

害虫スポットと注意点

玄関・窓
うっかり窓が開いていたり、開いている時間が長かったりすると虫の侵入を許してしまいます。網戸に穴が空いていないかも確認しましょう。

家具の隙間
狭くてホコリがたまりやすい場所なので、ダニなどが発生したりしがち。こまめに掃除をしましょう。

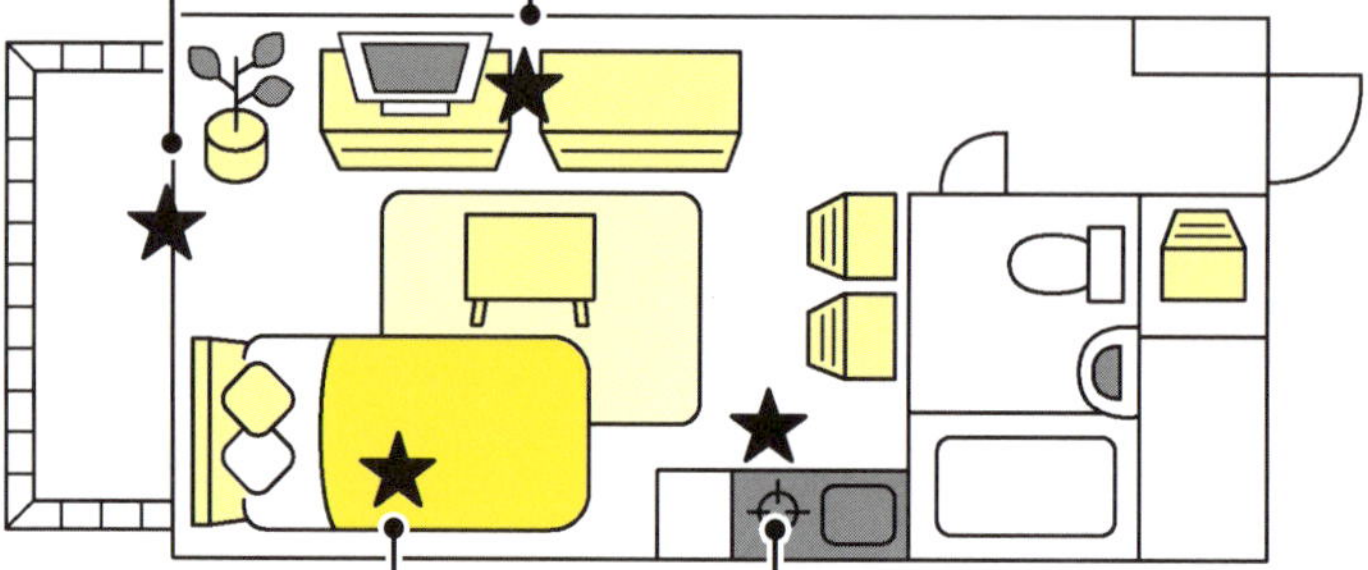

布団・収納
ダニも、衣類に穴を開けてしまう害虫も、暗くて湿気の多い場所を好みます。こまめな換気と防虫剤で対策しましょう。ヒノキやスギ、ティートリー、ミントなどのアロマも効果があります。

キッチン
常に清潔に保っていないと、ゴキブリが発生してしまうほか、生ゴミには小バエも寄ってきます。換気と、水気を取ることを心がけましょう。

害虫別対策

ゴキブリ

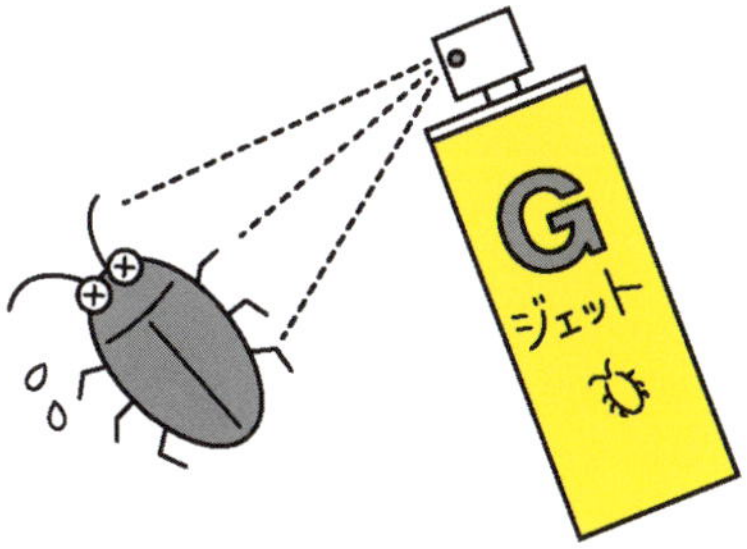

1匹いたら何匹もいると思っていいのがゴキブリです。市販のゴキブリ駆除剤を部屋のあちらこちらに設置し、根絶を目指しましょう。もし、それでも遭遇してしまったら、たたいて退治するよりは殺虫剤や、キッチンならば洗剤をかけ、紙に包んでビニール袋で密封して捨てましょう。触るのが嫌だからと掃除機で吸うのは絶対にNG！　生命力の強いゴキブリは、掃除機の中からはい出てくることもあります。

ダニ

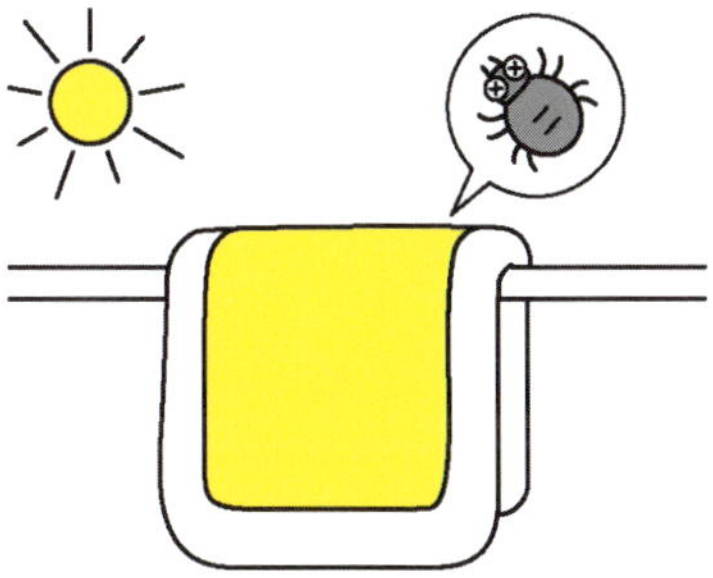

ダニの誘引退治シートなどを使用しつつ、家の中にホコリをためない、換気をする、布団はこまめに干すなどを心がけましょう。

ハエ・小バエ

まずは水回りを清潔にし、においの出るものは極力排除！　ハエ退治用の洗剤やハエ忌避剤なども併用してみましょう。

その他

1階などでアリが侵入する場合には忌避剤を。お米に虫（コクゾウムシ）がわいてしまうようなら冷蔵庫保管に切り替えましょう。クモは日本で室内に出るものは無害ですが、不快なら外に追い出しましょう。

蚊

蚊取り線香や蚊取りリキッド、アロマなどで対策しましょう。バルコニーに吊り下げタイプの蚊よけを設置するのもいいでしょう。蚊が多い時期には玄関ドアなどの開閉は短時間に。

暮らし
21

掃除

シーズンごとの大掃除

スケジュールに大掃除の日を組み入れる

毎日の生活の余裕のなさから、気をつけてはいても部屋が少しずつ汚れたり、散らかったりしてしまうかもしれません。

そこで、**年に1～2回、または季節が変わるタイミング、模様替えのついでなどに、大掃除をスケジュールに組み入れておきましょう。**

自分だけの力で大掃除を終えた後の達成感や爽快感はひとしお。部屋も心地よく、自信も得られること間違いなしです。

まずは不要品の整理から

その1 エリアごとにものを出す

一気にすべてのものを出すと収拾がつかなくなることもあるので、キッチンまわり、デスクまわり、押入れなど、1つのエリアにあるものだけを出します。

その2 よく使うものと使っていないものを分ける

これまでの暮らしを振り返り、よく使っているもの・これから使いそうなものと、使っていないもの・必要ないものとに分けます。

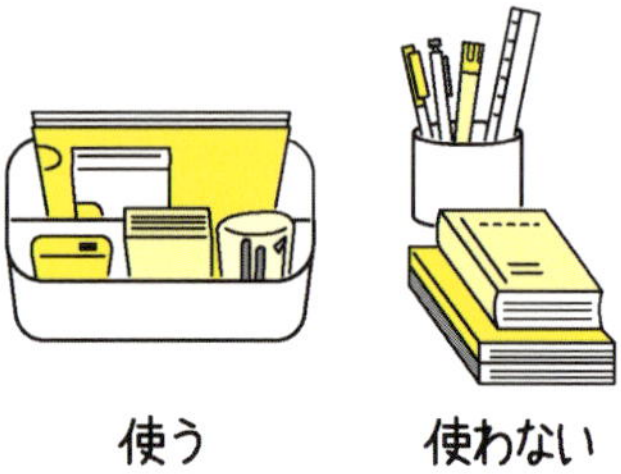

その3 不要なものの処分

使わない・必要ないと思ったものを処分します。まだ使えるものならフリマアプリなどに出品したり、リサイクル店に売ったりするのもおすすめです。

高いところから着手！

天井の照明器具

いつの間にかホコリがたまってしまう照明器具。掃除をしただけで部屋が明るく感じられることも。掃除をする際には安全のために電源をOFFにしましょう。ひと呼吸おいて照明の温度が下がってから、まずフローリングワイパーやハタキなどでホコリを取り除きます。その後、紙製・木製以外の照明器具なら汚れのある部分を中心に水拭きをしてきれいにしましょう。

照明はシーリングタイプと吊り下げ（ペンダント）タイプに大別できます。日頃のお手入れは前者のほうが楽ですが、ライト交換が手間、小虫などが中に入ると取りにくい、といったマイナス面も。

窓まわり

網戸

網戸掃除シートやマイクロファイバークロスなどで水拭きします。両面から挟んで拭くと汚れを逃しません。

ガラス

水拭き→から拭きの順に磨きます。汚れがひどい場合は洗剤なども活用しましょう。洗剤の代わりにアルコール除菌スプレーでもOKです。

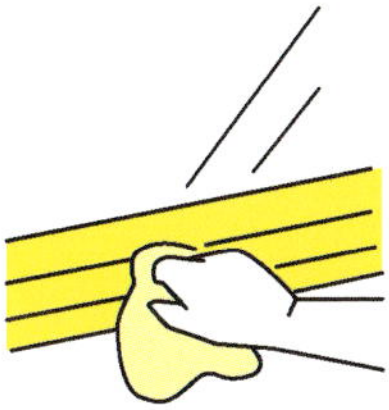

サッシ

まずはレール部分の砂やホコリを掃除機などで取り除き、仕上げに水拭きします。

エアコン

定期的に掃除をしないとすぐにホコリがたまり、冷暖房の効率も悪くなってしまいます。クリーンな空気で気持ちよく過ごすためにも、大掃除のタイミングだけでなく2～3週間に1度は掃除しましょう。手順は以下の通りです。

①カバーを開けてフィルターを取り出し、新聞紙の上に。
②フィルターについたホコリを掃除機で吸い取り、次に浴室で水洗い。
③洗ってよく乾かしたフィルターを再度取り付ける。

普段 手の届かないところも掃除！

家具・家電の裏や下

冷蔵庫・洗濯機

毎日使っているのに、まわりを掃除することの少ない冷蔵庫と洗濯機。隙間の汚れを取るワイパーなどを活用しましょう。

memo

あらかじめ古新聞などを敷いておくと、掃除が格段に楽になります。

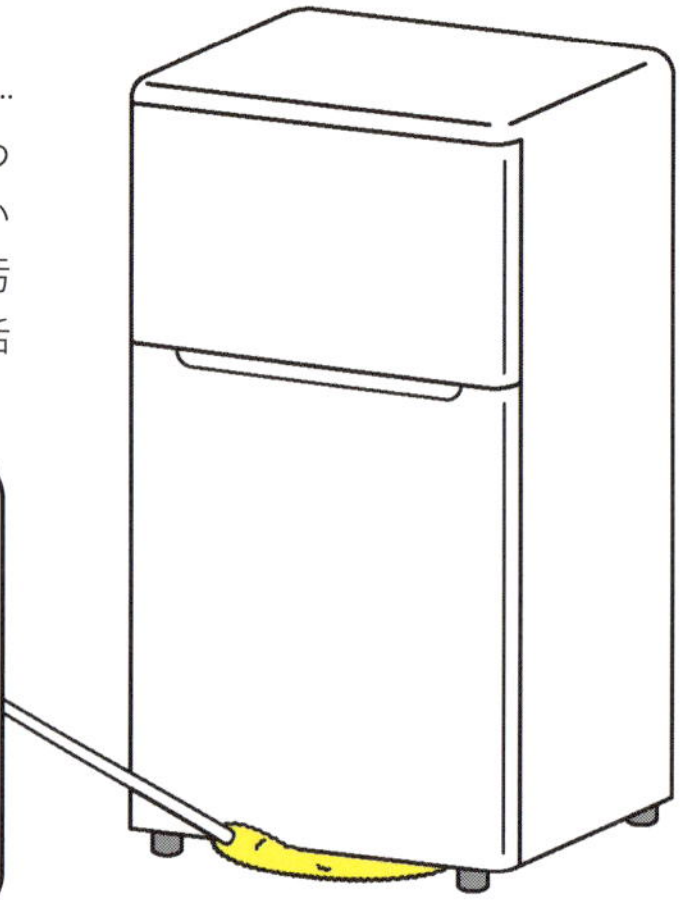

ベッドや脚付きの家具の下にはホコリがたまりがちです。また、家具・家電の裏側や側面の狭い隙間なども、普段の掃除では見落としがちな部分です。でも、そこにホコリがたまるとダニやゴキブリなど嫌な虫たちの温床にも……！隙間用のワイパーや掃除機の隙間用ノズルなどで掃除しましょう。

押入れ・収納の中

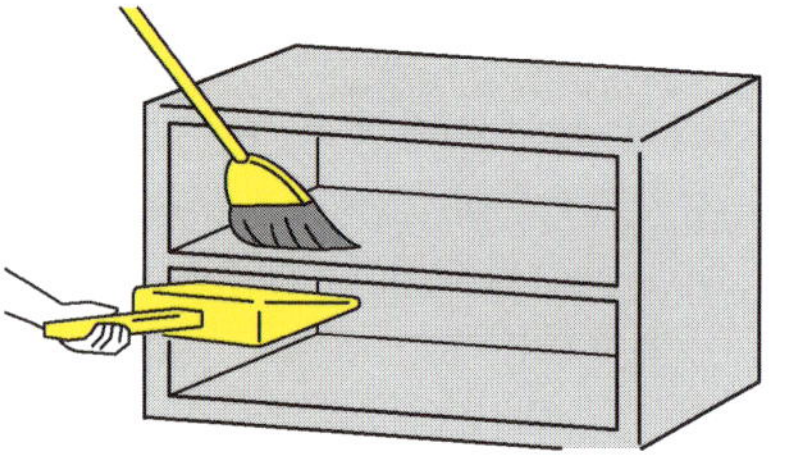

押入れやクローゼットはもちろん、見落としがちなのが靴箱の中。いずれも湿気がたまるとカビやにおいの原因になってしまいます。定期的に換気も兼ねて中身を取り出し、出番のない服や靴を処分しましょう。扇風機などで風を当てるのも◎。

memo

汗を吸った服や靴をしまうので湿気がこもりがち。風を当てて湿気を追い出すことがポイントです。サーキュレーターを使ってもOK。

コード・電源まわり

掃除をするときは、いったんコンセントを抜いてからにしましょう。特に電源が足りずタコ足配線になっている場合など、電源タップのコンセント付近にホコリがたまると、最悪のケースでは漏電から火災の原因となることも。

memo

コンセントを外す前に、複雑なAV機器の配線は写真を撮っておくと元に戻す際に迷わず便利です。

きれいの後は汚れの予防を！

キッチン

キッチンは毎日使う場所なので汚れがつきやすく、しかも油汚れなどは落とすのもひと苦労です。ピカピカに掃除をしたあとは、汚れを予防し、取り替えるだけで簡単な掃除は終わってしまう汚れ防止シートを活用しましょう。換気扇用シート、キッチン周辺の油汚れ予防シート、排水口のにおい予防剤などが市販されています。いずれもサイズやタイプをしっかり確認してから購入しましょう。

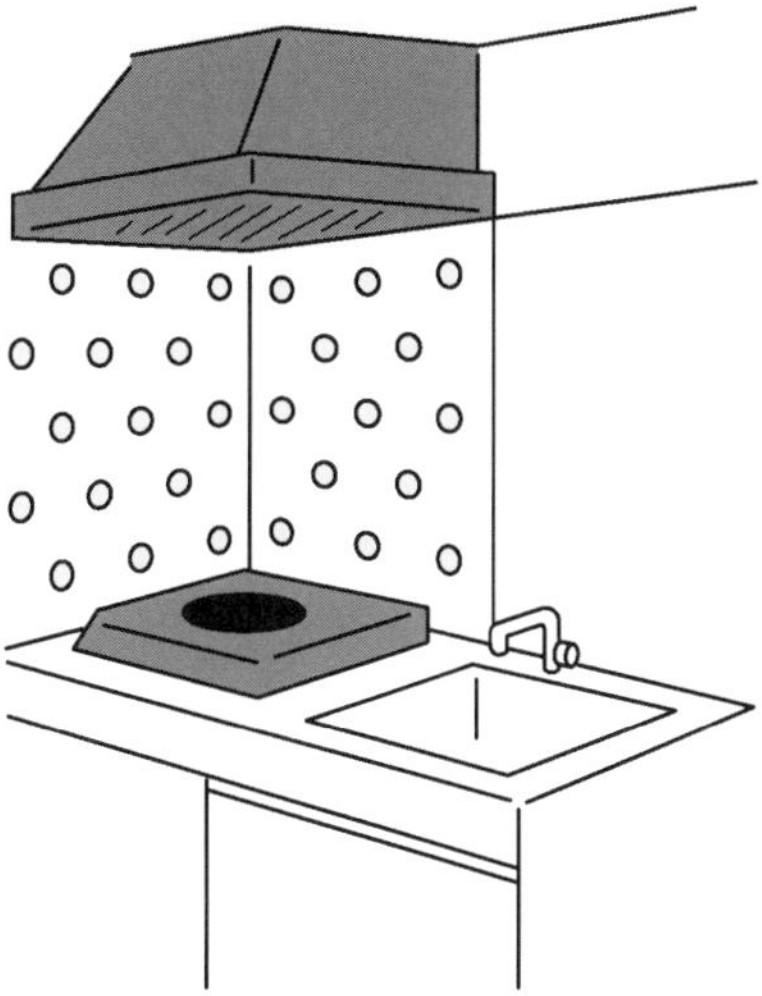

押入れ・靴箱

除湿剤の設置はマスト。取り替えるときにはたまった水の量に驚きます。大切な衣類を守るためには虫よけも活用。ケミカルなものから天然素材のものまで、さまざまなタイプの衣類用防虫剤が市販されています。竹炭や珪藻土の湿気&におい取りグッズも。

バス・洗面所

燻煙《くんえん》剤や防カビテープ、天井などに貼ってカビの発生を予防するアイテムなどが市販されています。上手に活用しましょう。

暮らし
22

健康

怠惰にならないために

自己管理を怠らず ストレス解消も心がけて

誰にも束縛されないひとり暮らしは自由である反面、生活、食事、健康、金銭の管理や家事など、一気にやることが押し寄せて、戸惑うことも多いはず。ストレスを抱えて、心身の健康を崩してしまう人もいます。**元気な心と体をキープするためには、怠惰にならないよう自己管理をすることが大切です。**また、笑う、泣く、おいしいものを食べる、入浴するといった日常的なストレス解消法を見つけましょう。発散して、ため込まないようにしてください。「ひとりがさびしい」と思ったら、家族に連絡してみましょう。ホッとできるに違いありません。

ポイント1 リズムのある生活

家族がそばにいないと、つい夜更かしをする、朝食と昼食が一緒になるなど、生活リズムが乱れがちです。不規則な生活が続くと体内時計が乱れ、体調不良につながる可能性があります。早寝早起きを心がけ、なるべく決まった時間に食事をとるなど、メリハリのある生活を心がけて。リズムのある生活が、毎日の健康をサポートしてくれます。

ポイント2 食事は心と体の栄養

健康は、食べものから得られた栄養が支えています。食事をおろそかにすると、体だけでなく脳にも栄養が行き渡らず、心の不調につながることも。1日3食を基本に、肉、魚、野菜など多種類の食材からタンパク質、ビタミン、食物繊維、ミネラルなど多くの栄養をとりましょう。コンビニ弁当や冷凍食品を利用する場合は、栄養バランスが考えられたものを選ぶようにして。

ポイント5

他人とのコミュニケーションを大切に

ひとり暮らしになると孤独感を感じ、新しい環境になじめなくなる人がいます。できるだけ、他人とコミュニケーションをとることを心がけてください。友達、家族、先輩など、近況を報告し合ったり愚痴を聞いてもらったりするなど、ささいな会話ができるだけでも孤独感が和らぐはず。

がんばり過ぎていませんか？

ひとり暮らしをすることを、「自立する」と表現することがあります。「自立したのだから、ひとりでがんばらないといけない」と思いがちですが、そんなことはありません。「自分だけでどうにかしなければ」と悩みを抱え込んでしまうと、心がパンクしてしまう可能性もあります。「がんばり過ぎている」と感じたら、生活を見直しながら手抜きできる部分を探し、完璧にこなそうと考えないことです。また、他人に頼ることも大切。誰もが、学校、会社、バイト先、友達、同僚、家族など、たくさんの団体や人とつながっているはずです。そこは、頼ってもいい大切な場所。困ったことがあったら無理せず、「助けて」とSOSを出してください。きっといい方向へ導いてくれます。

ポイント3

心地よい住まい

住まいは、清潔にして心地よく過ごしたいもの。しかし、忙しい毎日の中で、片付けや掃除が後回しになることもあるでしょう。ものが散乱してホコリがたまった部屋に毎日いると、安らぐことができません。ベッドや机まわり、トイレ、風呂など、お気に入りの場所だけでも清潔にしてみては。「そこにいると落ち着く」場所がきれいだと、心地よく生活できます。

ポイント4

身だしなみを整える

ひとり暮らしを始めると、「身だしなみまで気が回らない」と、見た目が乱れてくる人が少なくありません。身だしなみを整えることはコミュニケーションづくりにも影響し、何より自分を大切にするために必要です。気になる人は、髪、衣服、爪を清潔にすることから始めて。見た目が清潔になると心もシャキッ！　となり、気持ちもリフレッシュするでしょう。

暮らし
23

健康

近くの病院の確認

病気やケガをしてからの病院探しは大変

病気やケガは、突然襲ってきます。体調不良のときに、「どの病院に行けばいいの？」と探し始めるのは大変です。近所にどのような病院があるのかは、必ずチェックしておきましょう。休診日のほか、休日・夜間診療に対応可能かも確認しておくと安心です。

持病があるなら紹介状を

持病がある人は、今までかかっていた医師に紹介状を書いてもらい、新しいかかりつけ医に提出しましょう。紹介状には病気の経緯や現在の状態などが詳細に示され、検査や画像データが添付されていることもあります。今までの治療がスムーズに引き継がれるでしょう。紹介状がない場合は、お薬手帳を持参して投薬履歴を伝えましょう。

ネットで病院を検索 近所の口コミも参考に

病院探しで手軽なのは、**インターネットで地域の病院を検索**することです。**厚生労働省の『医療情報ネット』、市区町村や医師会のホームページ**を活用してもいいでしょう。また、口コミも参考になります。ただし口コミをうのみにせず、最終的には自分の基準で判断してください。

知ってる？「#7119」

急な病気やケガで救急車を呼ぶか迷うときは、救急安心センター事業「#7119」へ電話を。救急車を呼ぶべきか、急いで病院を受診したほうがいいかなどを案内してくれます。対応エリアがあるので、まずは自分の地域を確認して。

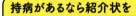

探しておきたい診療科

迷ったときは…

総合病院

多くの診療科をもつ地域の中核的な医療拠点。ベッドが多数確保され、入院や手術ができます。

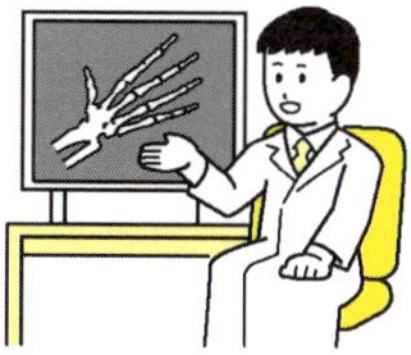

整形外科

骨や関節の病気やケガを診療します。理学療法士や作業療法士が在籍し、リハビリができる病院も。

歯科

歯と口周辺の病気やトラブルを診療します。近年、予防のために定期通院する人も増えました。

内科

体全体の不調や病気を診察します。風邪、インフルエンザ、腹痛など、身近な体調不良を診てくれます。

病院・ヘルスケア施設リスト

通いやすい病院を調べたら、以下の表に必要事項を書き込んでおきましょう。
整体、鍼灸、フットケアなどヘルスケアができる施設も記入しておくと便利。

診療科	名称	住所	電話番号	診療時間・休診日
内科				
歯科				
整形外科				

暮らし 24

健康

病気やケガの対処法

救急箱を用意して おかゆなどの買い置きも

「自分は健康だから大丈夫」と思っても、病気やケガは突然襲ってきます。元気なときから、いざという事態に備えておけば安心です。まずは、**よくある病気やケガの応急処置を覚えておきましょう。**

自宅には、**救急箱を用意**しておきます。体温計、風邪薬、解熱鎮痛薬、胃腸薬などをそろえ、持病がある人は常備薬も忘れずに。ケガにも対応できるよう、傷薬や絆創膏、湿布薬、包帯などを入れておきます。また、**体調不良になったときのために、おかゆなどのレトルト食品、スポーツドリンク、ゼリー飲料などを買い置き**しておくといいでしょう。

発熱

頭部や額、脇の下、首の周り、足の付け根を、氷のうなどで冷やすとつらさが和らぎます。市販薬を試してみるのも◎。アセトアミノフェンやイブプロフェンなどを配合した解熱鎮痛薬や感冒薬がおすすめです。

やけど

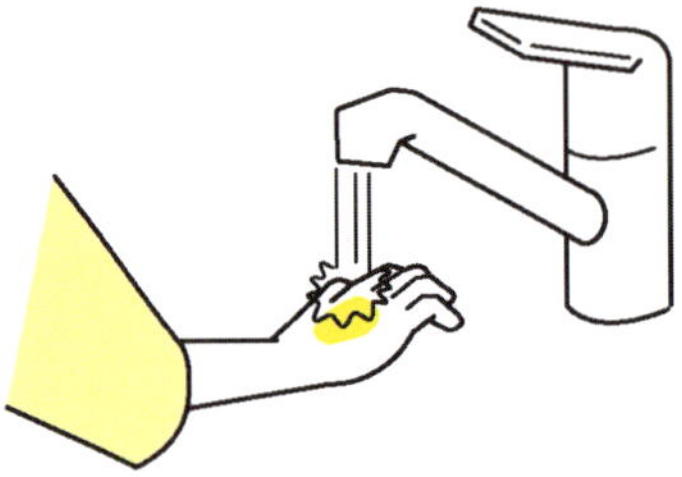

水道水などで、すぐに15～30分くらい冷やすことが最も大切です。その後、湿潤療法に対応した絆創膏などで患部を保護します。水ぶくれになったら、つぶさないで。やけどの範囲が広い・深い場合は皮膚科を受診します。

切り傷

傷口を水道水で洗い流し、異物を取り除きます。清潔なガーゼやハンカチなどを直接、傷口に当て、手のひらで圧迫し止血を。出血が止まったら、絆創膏などで傷口を保護します。

頭痛

ズキズキする「片頭痛」は、痛む部分を冷やして安静にしてください。キューッと締め付けられる「緊張型頭痛」は、入浴や蒸しタオルなどで首や肩を温めるほか、マッサージやストレッチをするのも有効。

腹痛

前かがみの姿勢になると、腹壁の緊張がほぐれ痛みが和らぐ場合があります。また、カイロなどで腹部を温めると消化管の筋肉の緊張を解き、痛みが軽減される可能性が。胃腸薬や鎮痛薬などの市販薬も有効です。

熱中症

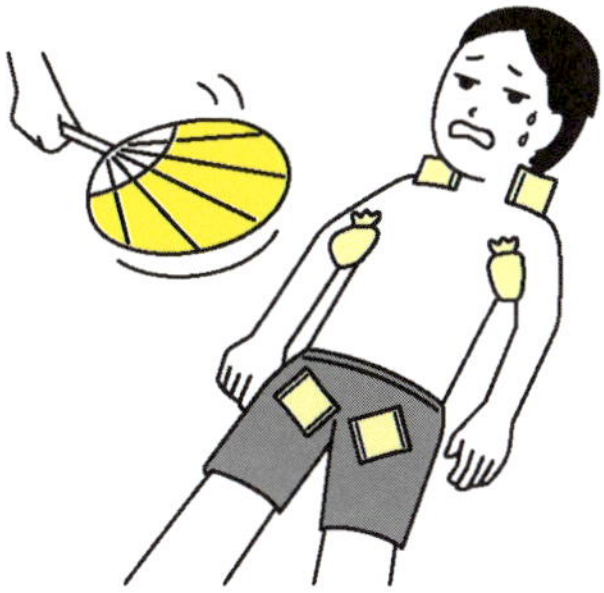

涼しい場所へ移動し、衣服をゆるめて体を冷やします。首筋、脇の下、足の付け根を氷のうなどで冷やしたり、水でぬらしたタオルを巻き付けて風を当てたりすることも有効。水分や塩分も補給します。

打撲

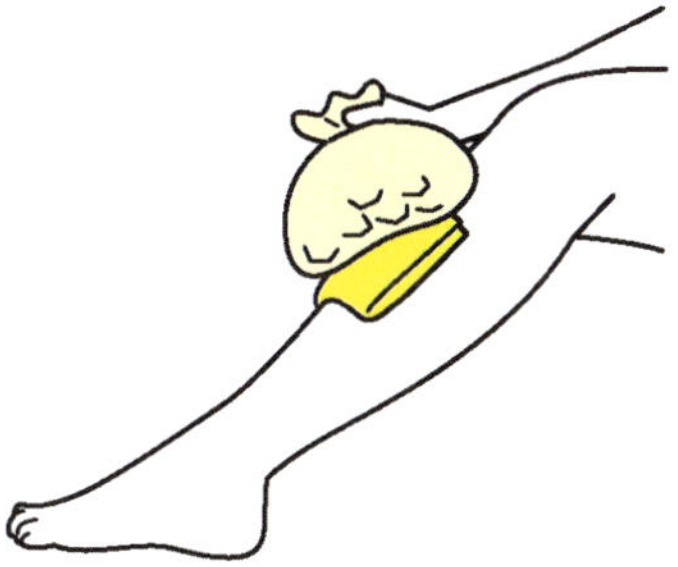

患部を氷のうなどで冷やして痛みを抑え、なるべく動かさないようにしましょう。痛みが激しい、傷がついた、変形している場合は、布またはラップなどで固定し整形外科を受診してください。

「救急車を呼ぶ？　呼ばない？」と迷ったら

救急車を呼ぶときの目安は、顔半分が動きにくい、突然の激しい頭痛、冷や汗を伴うような強い吐き気、ものを喉に詰まらせて呼吸が苦しい、けいれんが止まらない、広範囲のやけどといった症状が見られたときです。判断に迷ったら、近所の救急外来に駆け込むのも◎。全国版救急受診ガイド「Q助（きゅーすけ）」や、救急安心センター事業「#7119」も上手に利用してください。

暮らし
25

健康

体を動かす習慣をもつ

小さな達成感を積み重ね続けることが大切

健康的な生活を送るために、体を動かす習慣をもつことは大切です。しかし、「毎日続けるのは難しい」「運動が苦手」という人もいるでしょう。あえて運動の時間をつくらず、日常生活に組み込んでみたり、楽しみと結びつけたりすると続けやすいものです。**体調の変化や体重の記録などをつけて、小さな達成感を積み重ねる**のも持続につながります。

座りっぱなし ➡ 30分に1回は立って伸びをしよう

パソコンやスマートフォンなどと向き合っていると、座っている時間が長くなりがちです。座る時間が長い日が続くと、脚を中心に体の筋力や筋肉量が低下。代謝機能が下がって体調不良につながります。定期的に姿勢を変えて、体を動かしましょう。30分〜1時間ごとに立って伸びをするのが手軽でおすすめです。

バタバタの朝 ➡ ベッドの上で簡単ストレッチ

体は寝ている間に筋肉の活動が低下し、硬くなっています。簡単な朝のストレッチをしてみましょう。1. ベッドの上でバンザイし、手足をしっかり伸ばす。2.仰向けになり、胸の前で膝を抱えてゆっくり深呼吸をする。これだけでも体の柔軟性が高まり、気持ちよく1日をスタートできるでしょう。

memo

太陽から健康効果を浴びる

運動するのと同じくらい健康効果が高いのが、日光浴です。日光に含まれる紫外線を浴びることで、骨の健康を守るビタミンDが生成されます。また、幸せホルモンといわれるセロトニンが分泌され、ストレス解消や集中力アップにも役立ちます。体内時計を調整し、寝つきもよくなるでしょう。

エレベーターやエスカレーターを使う
➡ 1階分だけでも階段を

エレベーターやエスカレーターを使わず、歩いて階段を上り下りする人は、心拍数が上がって心肺機能が強化され、脳卒中や心筋梗塞のリスクが低くなるといわれています。また、下半身の筋力低下を予防するうえ、カロリー消費につながりダイエットにも効果的です。1階分だけでもOKなので、毎日の健康習慣に。

電車・バスの移動
➡ 1駅手前から歩く

電車やバスで毎日移動しているなら、1駅手前で降りて歩いてみませんか。運動不足の解消はもちろん、早起きが身につくでしょう。好きな音楽を聴きながら歩けば、気持ちもリフレッシュするはず。「いつもの見慣れた街」に、カフェや専門店など新しい発見があるかもしれません。

運動から縁遠い生活
➡ 楽しくできる運動を探そう

「運動している時間がない」「続けるのがしんどい」人は、「参加したい」と思える運動を探してみましょう。室内で、ラジオ体操やストレッチ、ゲーム機を使ったエクササイズもあります。ジムに通うのが続かないなら、スポーツサークルに入って和気あいあいとプレーしても。家族や友達と一緒に運動するのも楽しく、続けやすいでしょう。

暮らし
26

自炊

自炊を楽しく始める

自分のレベルに応じて楽しく自炊を

料理がまったくできないレベルなら、自炊はごはんを炊くことから始まります。一般的に**献立は主食・主菜・副菜・汁物で組み立てられていて、主菜を決めてからその他を決めるのが基本。**おかずはスーパーやコンビニの既製品でもOK。手づくりに挑戦するなら、大好きなおかずや実家の定番メニューなど、つくりたい料理からチャレンジするといいでしょう。何度もつくるうちに、少しずつ上達したりレパートリーが増えていったりする過程を楽しんでください。

　料理がある程度できる人は、食材を上手に使い回すなど、今のレベルより少し上を目指すと、自炊が楽しくなるかもしれません。

無理せず楽しい自炊のために

① 毎日つくらなくてもOK

「自炊するぞ!」と意気込みすぎては、料理を楽しめません。余裕があるときだけつくる、朝ごはんだけはつくるなど取りかかりやすいことから始めます。ただし、購入した食材はなるべく食べられるうちに使い切りましょう。

② 手づくりと既製品を上手にミックス

献立すべてを手づくりする必要はありません。レトルトのカレーを主菜にしてサラダはつくるなど、市販の総菜やレトルトなどを上手に組み合わせましょう。

③ 基本の栄養がとれるメニューに

自分でつくるからと、好きなものばかりつくっていては健康をそこなってしまうかもしれません。健康は、食事を楽しむためにも大切なこと。不足しがちな野菜がとれる料理を意識的に加えましょう。

④ 品数を抑えて一石三鳥

具だくさんの丼物、具だくさんのカレー、具だくさんの鍋物などは、ひと品で多くの食材を食べられるので、副菜や汁物などで栄養を補う必要がなくなります。さらに、調理道具も1つで済み、盛り付ける器も1つに。調理時間、洗い物の手間も省けます。

初めから持っておきたい道具

包丁
「三徳包丁」と呼ばれる形のものを1本持っておけばさまざまな用途に使えます。鋼製はさびやすいので、ステンレスやセラミック素材のほうが扱いが楽です。

まな板
木製のものが包丁の刃にやさしくおすすめですが、手入れが大変で場所を取ります。狭いキッチンなら、樹脂製の薄いまな板が便利でしょう。

菜箸
調理に使う長めの箸。割り箸で代用してもいいですが、ゆでる・炒めるなどの作業で手元が熱くなりやすいので、1膳あると◎。

お玉
汁物ややわらかいものをすくうのに使います。

へら・フライ返し
具材を混ぜたりすくったりするなど、幅広い用途に使えます。木製が基本ですが、樹脂製なら、硬めのものを選びましょう。

ボウルとざる
食材を混ぜたり、洗ったり、水きりしたりするときに使います。ボウルは耐熱性でレンジに使えると便利です。

深型フライパン
深型フライパンは、炒める調理以外にも、煮込む・ゆでる・蒸す、などの調理に使えます。1人分をつくるなら、直径20cm程度がいいでしょう。

わかりにくい調理用語

計量	大さじ・小さじ	大さじ1は15ml、小さじ1は5ml
	ひとつまみ	塩などの調味料を親指・人さし指・中指の3本の指でつまんだ量
	少々	塩などの調味料を親指・人さし指の2本の指でつまんだ量
調理	灰汁（アク）	食材のえぐみや苦み成分のこと。水にひたす、ゆでるなどして取り除くほか、煮たときに浮いてくる泡状の灰汁をお玉などですくって取り出す
	ざく切り	主に葉物野菜を、3～4cm幅に切ること
	ひと口大	根菜や肉などの立体的な食材を、ひと口で口に入る大きさで切ること
	粗熱をとる	加熱後の熱々の状態から、指で触れるくらいの温度に冷ますこと
	ひと煮立ち	煮汁を沸騰させた後、そのままひと呼吸（10～30秒程度）たった状態。たいてい、その後、火を止めるか弱めたり、別の食材を加えたりして温度を下げる
	強火・中火・弱火・とろ火	強火は鍋底に火が当たり、鍋底に沿って外側に広がる状態。中火は鍋底にちょうど火の先が当たるくらい、弱火は火の先が鍋底につかないくらい、とろ火はギリギリ、火がついているくらいの極小さな炎の状態

暮らし 27

自炊

保存食品を利用

気まぐれに自炊するなら保存食品が便利！

毎日自炊するのは、結構大変です。つくるのが楽しくて片付けも嫌いじゃない、という人はまれでしょう。毎日、自炊を心がけている人でも、「ちょっと今日は仕事で遅くなったから、簡単に済ませたい」「買い物がおっくう」ということはあります。**ひとり暮らしの自炊には、保存食品をストックしておくと、何かと便利です。**

そのまま、あるいは温めるだけで食べられるものも、調理の材料となるものもあります。日もちするのでむだになりにくいですし、ストックがあれば金欠のときにも助かります。

冷凍食品

近頃では冷凍食品の品質が上がり、種類も豊富になっています。お気に入りを見つけるのも楽しそうです。

おかず

餃子や唐揚げが定番&人気です。ハンバーグや酢豚、魚料理などもあります。お弁当用の副菜類は、1人分にちょうどいい量です。

ごはん・麺類

ごはんはレトルトの白ごはん以外は調理済みが多く、麺類は味のついていないものから、そのまま食べられるものまでいろいろあります。お好み焼きなどの粉ものも。

野菜・果物

カット野菜や果物の冷凍品は、必要な分量だけ取り出して使えるので、少量ずつ使いたい1人分の調理にピッタリ。洋風・和風のミックス野菜も。

memo

冷凍庫はギッシリがエコ

冷蔵庫の詰め過ぎは電気代のむだといわれますが、冷凍庫は反対にギッシリ詰め込んだほうがエコになります。冷凍されたものが、庫内を冷やす役目も行うからです。冷凍の保存食品はたくさんストックしておくといいですね。

レトルトパウチ食品

空気や光を通さない包装資材に食品を入れて密封したうえで、加圧加熱殺菌をしてつくります。レンジや湯で温めて食べます。

おかず

中華丼や親子丼のもとなど、とろみ系のおかずがあります。さばみそなどの魚の加工品は、魚の扱いが苦手な人に◎。

カレー・シチュー

レトルトパウチの代表格。ご当地品やエスニックカレーなど種類が豊富。ごはんだけでなく、パスタにも合います。

おかゆ・ぞうすい

体調がよくないときにぴったり。調理せず、体にやさしいものを食べられます。

ソース類

麺類、特にパスタ用のソースが豊富。名店のパスタの味が手軽に味わえます。

缶詰

歴史ある保存技術です。開封後、余るようなら別の容器に移し替えて密閉を。

食材

ツナやさば缶、コンビーフ、アンチョビなどは、料理に使うとうまみアップに。

おかず

ひじき煮などの副菜、魚のかば焼きなどの主菜、酒のおつまみ系などの少量缶が多数あります。

インスタント食品

湯を注ぐだけで食べられるタイプのインスタント食品もいろいろ。

麺類

器付きが基本ですが、耐熱容器に入れて湯を注ぐタイプなら、かさばらずに保存できます。

汁物

みそ汁やスープなど、あと1品ほしいときに重宝します。

お茶漬けのもと

ごはんにかけて湯を注ぐと少量のごはんでも満足感アップ。

暮らし
28

自炊

保存方法を知る

食材は保存の仕方で日もちが変わる

購入してきた食材は、「とりあえず冷蔵庫に入れれば大丈夫！」と思われがちですが、スーパーの売り場で冷蔵庫に入っていない食材がたくさんあるように、自宅でも常温保存でＯＫの食材も少なくありません。さらに、**常温・冷蔵それぞれにも保存の仕方にコツがあります。これらを覚えておけば、比較的長く、おいしく保存ができます。**

また、多めに買うと少し安いこともある肉や魚介類は、上手に冷凍保存をすれば、すぐに使い切らなくてもＯＫ。その他、あまり気を使わない主食や調味料などの保存のコツも知っておきましょう。

野菜の保存

常温または冷蔵保存が基本ですが、きのこ類は使いやすい大きさにして、冷凍保存が可能。

冷蔵

ポイント

冷やし過ぎや乾燥を防ぐために、清潔なポリ袋に入れて保存が基本。可能なら、直接キッチンペーパーでくるんでからポリ袋に入れるとより長もちします。

品目

葉物野菜・実野菜、カット野菜は基本的に冷蔵庫に。きのこ類も、短期間なら冷蔵保存で大丈夫です。

- キャベツ
- ほうれん草
- トマト
- なす
- ピーマン
- 大根
- 熟した果物
- レタス
- 長ねぎ
- きゅうり
- もやし
- にんじん
- きのこ類

常温

ポイント

直射日光が当たらない冷暗所で保存します。買ったときにポリ袋に入っているものは、取り出して紙袋や新聞紙などで包むとベター。

品目

いも類と根菜類の一部は常温保存がベスト。丸のままの果物、暖かい地域の農産物や追熟させるものは常温保存し、食べる少し前に冷蔵庫へ。

- じゃがいも
- さつまいも
- 里いも
- バナナ
- みかん
- 玉ねぎ
- ごぼう
- かぼちゃ
- りんご

memo

使いかけの野菜

1個を使いきれず半分だけ余ったなどの野菜・果物は、常温保存が基本のものも、ラップでくるんで冷蔵庫へ入れ、なるべく早く消費しましょう。

肉・魚介の冷凍保存

購入したその日に使わない分はすぐに別にして冷凍するのがおすすめです。冷凍するときは、解凍しやすさも考えて、なるべく薄く広げるようにしましょう。

貝類の冷凍

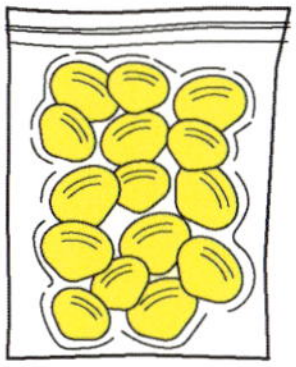

砂抜きしたアサリを、殻をこすり合わせてよく洗い、水気を拭いてから、冷凍用保存袋に入れ、空気をなるべく抜いて封を閉じ、冷凍庫へ。解凍せずに加熱調理できます。

魚の冷凍

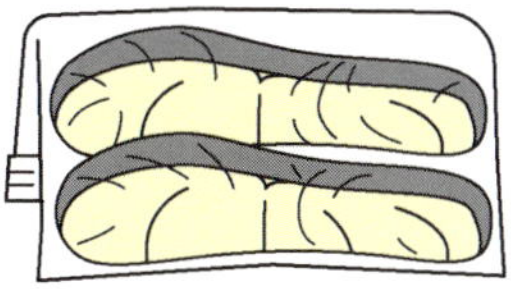

キッチンペーパーで水分を拭き取り、1切れずつぴっちりとラップで包んでから冷凍用保存袋に入れて冷凍庫へ。解凍は冷蔵庫で。干物ならそのまま焼いてOK。

肉の冷凍

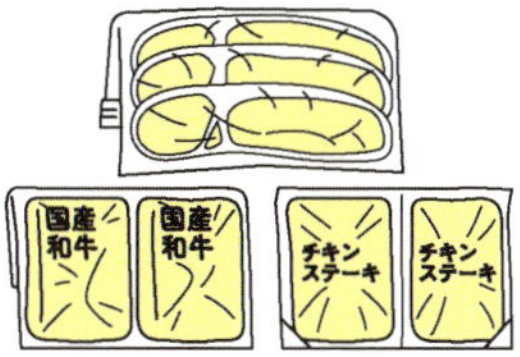

1回分ずつの量に小分けにして、なるべくぴっちりとラップで包み、冷凍用保存袋に入れて冷凍庫へ。解凍は冷蔵庫で。

その他の食材の保存

よく使われる食材の保存方法を紹介します。

調味料

開封していなければ、直射日光を避けた常温保存でOK。ただし開封後は冷蔵保存がおすすめです。

豆腐

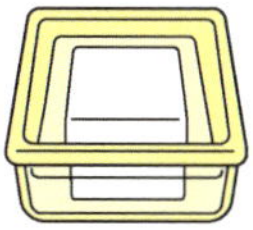

使いかけは、水にひたして冷蔵庫へ。翌日使うなら、水を捨て、キッチンペーパーにくるんで容器に入れ、冷蔵保存すればほどよい水きりになります。

米

一般的に米びつに入れますが、密閉容器や清潔なペットボトルに入れてもOK。冷蔵庫の野菜室に入れるのがベターですが、涼しい季節なら常温保存でもいいでしょう。

> memo
>
> **賞味期限は未開封時**
>
> ラベルに記入されている賞味期限は未開封でのことなので、開封後は賞味期限が来る前に使い切るようにしましょう。購入する際にも気をつけたいポイントです。

卵

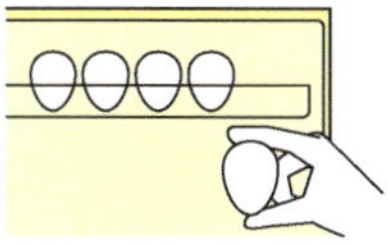

とがったほうを下にして冷蔵庫へ。ドアポケットに卵スペースがありますが、温度が一定な庫内の奥のほうが保存に向きます。

パン

1枚ずつラップに包んで冷凍保存がおすすめです。冷凍のままトースターで焼くか、サンドイッチやフレンチトーストにするときはラップを外して解凍します。

暮らし
29

自炊

エコ調理アイデア

がんばらないで エコ調理を楽しもう

炊事は毎日欠かせない、暮らしの中で大きな比重をもった家事のひとつです。**毎日のことなので、できるだけ負担にならないようにしたいですね。**時間を節約できれば趣味の時間が増え、費用を節約できれば生活に余裕ができ、手間を節約できれば調理が楽しくなります。ひとり暮らしで取り入れやすいアイデアを紹介します。

まとめづくりでエコ調理

1回分ではなく、複数回分つくって、冷蔵や冷凍保存することで、食材をむだなく使え、2回目以降には時間と手間の節約になります。

主菜

カレーや煮物の場合、じゃがいも、大根、にんじん、こんにゃくなどは冷凍するとすが入りやすいので、冷蔵保存で食べきれる量のまとめづくりを。ハンバーグは、肉ダネを生で冷凍するより、焼いてからラップに包んで冷凍するほうがおいしさをキープできます。

ごはん

2〜3合分を一度に炊き、すぐ食べない分は、ごはん茶碗1杯分ずつラップに包み、粗熱がとれてから密閉袋に入れて冷凍。

副菜

おひたしや和え物などは、2〜3食分つくって保存容器に入れて冷蔵保存。水分の少ないきんぴらごぼうや佃煮などは1食分ずつ小分けにして冷凍保存します。

手づくりインスタントみそ汁「みそ玉」

つくり方（6個分）

みそ大さじ6に顆粒だし小さじ1.5を加えてよく混ぜ、好みの具材を用意する。6等分して好みの具材を合わせながら丸め、ラップで包む。湯180ml を注ぐだけでみそ汁ができる。冷凍保存もOK。

らくちんレンジ調理

電子レンジは温めるだけでなく、調理にも使えます。おすすめのレンジ調理を以下に紹介します。他にもいろいろあるので、調べてみましょう。

煮る

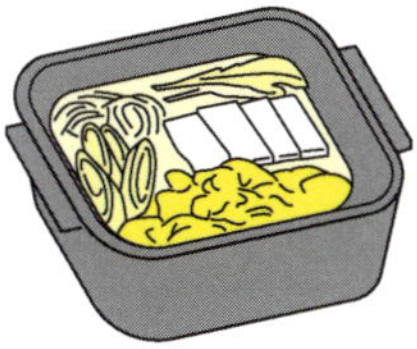

大きめの耐熱ボウルに、火の通りにくい食材、形の崩れにくい食材から順に重ね入れ、合わせ調味料を回しかけ、ラップをふんわりかけて加熱。すき焼きや肉じゃがなどがこの方法でつくれます。

ゆでる

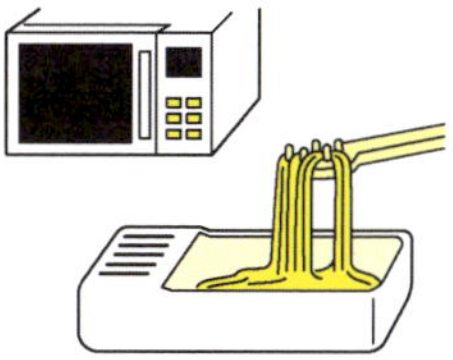

切った食材を耐熱容器に入れ、フタをして少しずつ加熱することでゆでる調理に使えます。加熱時間が長すぎると固くなったりしなびたりするので注意が必要。乾麺をゆでられるパスタクッカーも便利です。

レンジ調理は重たい調理器具を使わずに済み、洗い物も調理時間も少なくなるので便利ですよ。

野菜をむだなく活用

野菜の下ごしらえで取り除いた部分も、実は活用方法がいろいろあるのです。むだなく使えば経済的ですし、ゴミも減らせますね。

玉ねぎの皮

玉ねぎの皮はよく洗ってからスープなどのだしとして加えて煮込み、味つけ前に取り出せば、うまみ成分が抽出できます。無農薬の玉ねぎの皮なら、乾燥させて細かくくだいて粉末だしに。

豆苗の根元

浅い器に水を張って根元をつけておけば、葉が出てきます。水は毎日取り替えて清潔に保ちましょう。ある程度の長さに育ったら、もう一度豆苗として食べられます。

大根・にんじんの皮

大根やにんじんの皮は細切りにしてきんぴらに。昆布と生姜の細切りを加えて密閉袋に入れ、塩を加えて半日以上おけば、シャキシャキの浅漬けに。

暮らし
30

買い物

日常の買い物のコツ

節約を意識して買い物を楽しもう

当たり前ですが、ひとり暮らしになると、生活に必要なものはすべて自分で用意しなければなりません。食料品やトイレットペーパーなどの日用品、重い洗濯洗剤や米なども必要です。**そこで、あらかじめどこで何を購入できるのか、配達してもらえるのかなどを確認しておきます。**

また、それぞれの店の休業日・営業時間を把握しましょう。仕事や学校終わりに寄ろうと思っても、閉店していたら、必要なものが買えません。日頃の移動ルート上でより安い店、遠いけれどお得な店などを調べておきます。

目星をつけておきたい店

ドラッグストア

薬局としてはもちろんのこと、日用品や食品を取りそろえている店も多くあります。品ぞろえや値段をチェックして、スーパーと使い分けるのもおすすめです。

食材店（スーパーなど）

最も多く利用する店になるでしょう。複数店があるなら、Aは野菜が新鮮、Bは総菜がおいしい、Cはお買い得品があるなどの特徴を把握して利用を。

嗜好品の店

こだわりのコーヒー豆、化粧品、自分の趣味に必要なものなどが購入できる店もチェックを。電車やバスを乗り継ぐ場合は経路を確認しておきます。

コンビニエンスストア

だいたいのものがそろう、「便利」な店。総菜やホットスナックはお気に入りがあるでしょう。銀行としても活用できるので、行きやすい店舗を把握しておきましょう。

ホームセンター

DIYやガーデニングをする人は、一番近いところはどこか確認しておきましょう。特に引越ししたてのときには、何かと必要なものがそろいます。

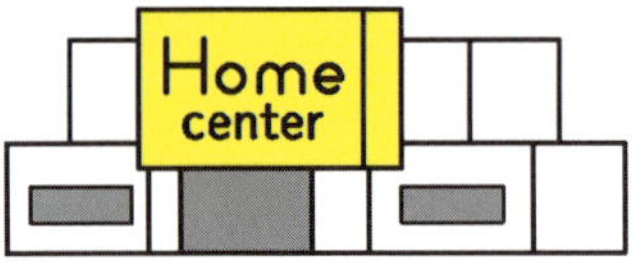

memo

ネット通販も活用

重い・かさばるもの、ネット通販のほうが価格が安い・定期的に必要なもの・近隣の店にないものなどは、ネット通販がおすすめです。移動手段は歩きか公共交通機関のみという場合は、特に頼りたいところ。

かしこい買い物術

① すでにあるものを確認

たとえば、「肉じゃがの材料を買いに行こう」としたとき、冷蔵庫に玉ねぎが半分余っているかもしれません。むだな買い物をしないように、常備野菜や冷凍ストックを確認してからメモをつくりましょう。

② 買うものをメモする

買い物には、必要なものをメモして行きましょう。買い忘れを防ぐためもありますが、余計なものを買わない効果もあります。メモをとるときは、「安くなっていたら買うもの」などのサブリストがあるといいかもしれません。

③ チラシをCHECK!

買い物前に、新聞に入っているチラシのほか、地域で検索できるチラシ情報サイトなどをチェックして買い物先を決めると、節約になります。毎週○曜日は卵が安い、などの情報は覚えておくといいでしょう。

④ ポイントは上手に活用を

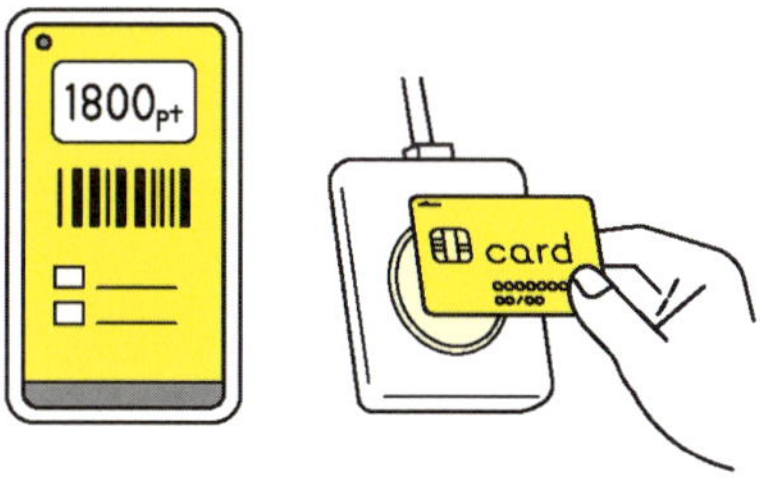

ポイントカードや、スマホのアプリなど、ツールは店によって違います。ポイントの割合は低くても貯めていけば必ず何かしらのリターンが得られます。プリペイドカードや電子マネーなどの利用でダブルにポイントが貯められる場合も。

センパイの声

仕事が忙しい時期は、ネットスーパーを利用します。仕事の休み時間に注文して、帰宅時間に合わせて届けてもらいます。病気のときにも大助かりで、レトルトのおかゆや飲み物、果物などを取り寄せて、出かけずに数日過ごすことができました。一度利用してみてください。（Oさん・会社員・男性）

暮らし
31

買い物

通販をうまく使う

便利だけれど利用に注意を

ひとり暮らしでネット通販を利用しない手はないでしょう。ただし注意したいのが、**サイトの信頼性や、送料を含めて見合った価格かを、自分で見極める必要がある**ことです。

これらをクリアするために多くの人は、リアル店舗で購入して（または試して）から、通販で購入をしています。試すことができない場合は、十分情報を精査して購入するようにしましょう。

おすすめ商品やセール情報なども流れてきますが、むだづかいにはご注意を。

アイテム別　通販の利便性

食品・飲料

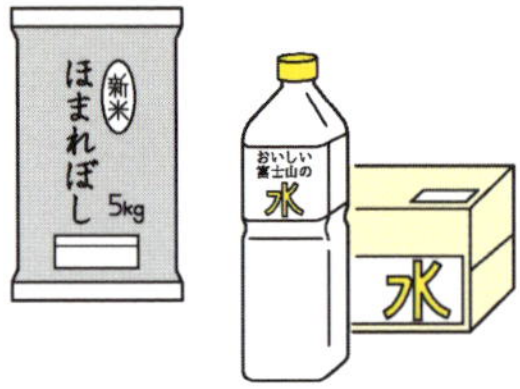

水や米など、重いものや定期的に購入するものは通販が便利で、場合によってはお得です。また、1人分のミールキットも人気です。1食分の材料とレシピがセットになっているので、料理初心者も安心で、食材のむだも出ません。

ファッション

一度着たことのあるブランドなら、サイズ感もわかりやすいでしょう。試着できる通販や、サブスクリプション契約のできるサイトをうまく利用しても。

化粧品・衛生用品

基礎化粧品は定期利用にすることで割安で購入できる通販があります。少量セットで試してから利用するのもいいでしょう。トイレットペーパーやティッシュなどかさばるものや、重い洗剤類は通販を利用しましょう。

本・雑誌

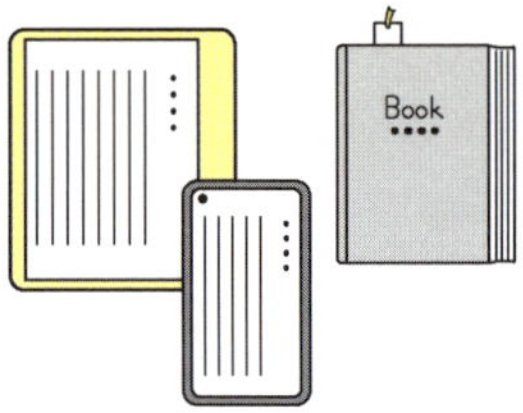

紙の本の通販は、新品・中古品などから選べます。電子書籍を利用する人も増えていて、ものが増えなくていいという利点も。雑誌やマンガはサブスクリプション契約を利用してみても。

受け取り方いろいろ

コンビニ受け取り

自分の都合に合わせて受け取れるので便利です。保管期間が決まっているので確認して、期間内に受け取りに行きましょう。

置き配

玄関ドアの脇などに置いてもらう方法です。ただし、置きっぱなしで盗難にあう、配達ミスなどのトラブルが起きやすい面もあります。

日時指定

一般的なものはほとんど日時指定できます。在宅予定日に指定しておけば、再配達依頼の手間がなくなります。

memo

再配達はなるべく避けよう

通販で便利になる反面、配送物の多さや再配達によるドライバー不足、CO_2排出量の増加などが社会問題になっています。この状態が激しくなると、宅配料の値上げなどの懸念も。日時指定をしたり受け取り方を工夫したりして、再配達を避けるようにしましょう。

専用ロッカー受け取り

大手の配送企業や通販企業が運営する専用のロッカーでの受け取りサービスです。駅や複合施設など設置場所をサイトで検索して近いところを指定しましょう。こちらも保管期間の確認を。

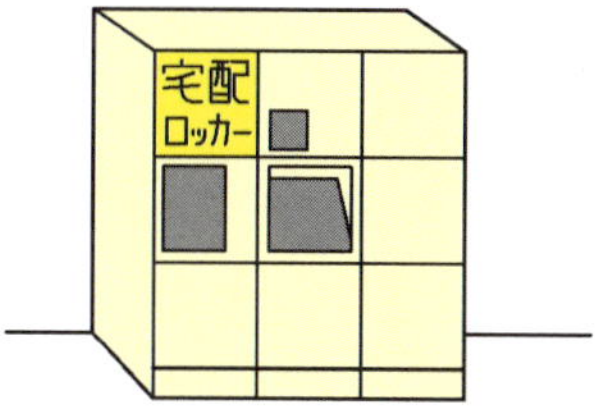

センパイの声

母へ花の贈り物

実家に住んでいるときは、母の日などはあまり意識しませんでしたが、ひとり立ちしてから、大人として感謝したいと思い、通販でメッセージ付きの紫陽花の鉢をプレゼントしました。意外なほど喜んでくれ、翌年には地植えにして花を咲かせたと報告も。ちょっと照れくさいプレゼントも、通販で宅配業者に任せれば贈りやすいです。　(Yさん・会社員・男性)

センパイの声

重い飲料はネットで購入

水やお茶類のほか、アルコール類も一緒にネットで注文しています。ソフトドリンクは普段のお気に入りを購入しますが、日本酒や焼酎は珍しい銘柄を探して購入。焼酎は一升瓶で購入してちびちび楽しんでいます。　(Fさん・会社員・女性)

暮らし 32

買い物

おなじみさんになる

何度も通うと顔なじみに会話もするかは自分次第

近隣のよく行く店では、お互いに顔をなんとなく覚えるものです。そんなときに、**ちょっとした世間話をするか、用事だけを済ませるかは自分次第。**当たり障りのない内容なら、居住地域への安心感にもつながりますが、なるべく素性や住まいなどは伝えないほうがいいでしょう。プライバシーが漏れるきっかけになるかもしれません。

なじみ客になったときのメリット＆デメリット

デメリット

個人商店

- 何曜日の何時には在宅・不在などの生活のサイクルが透けて見えてしまうことがある。
- 利用する店を変えたときに、なんとなく前を通りにくくなる。
- 面倒に感じるときもある。

飲食店

- 人間関係のわずらわしさを感じる。
- 近所の人が多い店の場合、住まいの場所がわかってしまうことも。
- 一度足が遠のくと、行きにくくなる。

メリット

個人商店

- そのときどきの安いものが見つけられる。
- 挨拶が増えることになり、無口になりやすいひとり暮らしが快活に。
- 地域のさまざまな情報を得られる。
- 災害があったとき、助け合うことができるかもしれない。

飲食店

- ただ満腹になるだけでなく、心も満足できるオアシス的な場所になる。
- 客同士で横のつながりができることも。

センパイの声

クリーニング店のおばちゃんと話すようになったら、みんな世間話をするらしく、いいお店や病院など、地域情報を教えてもらうようになりました。私も、新しいお店に行くと、おばちゃんに伝えています。

（Mさん・アルバイト・女性）

暮らし
33

買い物

深夜の通販は要注意

深夜の買い物は避け、翌日必要か再確認を！

深夜の疲れた脳の状態で、特にアルコールが入っていると危険です。そんな中、「みなさん買っています」「あと○個です」「○時までの値段です！」などとたたみ込むようにいわれたり表示されたりすると、今買わないと！ と思い込んでしまうことがあります。もともと買おうと思っていたものならいいのですが、**深夜の通販は失敗しやすいので気をつけましょう。**似たものをすでに持っていたり、結局用がなく箱を開けずに何年もしまいっぱなしになったり、となりがちです。**不必要なものを買わないためには、頭がすっきりしている時間帯に検討しましょう。**

教えてセンパイ！

失敗談いろいろ

安いと思って買ったけど、実は……

キャンペーン価格で、地域の食材セットをネットで購入。届いたものには満足したのですが、キャンペーン後も同じ価格で売られていました。　（Iさん・会社員・女性）

同じものを買ってしまった

深夜に暇つぶしでスマートフォンをいじっていて、好きな作家の新刊が出たと思い購入したら、単行本で持っている作品の文庫版でした。表紙が違っていたのと、ポイント２倍という宣伝につられて、よく考えず購入してしまいました。
（Fさん・大学生・男性）

未使用の美容グッズが山に

深夜の通販番組が好きで、はじめは見るだけだったのが、いつの間にか購入する立場に。販売のプロたちの手練手管に圧倒されて、いつの間にか未開封の箱が10個以上も！　遊びに来た友人に注意されて目が覚めました。　（Hさん・会社員・女性）

時間制限に押されて…

興味のあった基礎化粧品が安くなっていて、あと30分、などと表示されていたために急いで購入したら、１個のつもりが２個届きました。履歴を見るとたしかに２個にしていました。何度かやり直したときに間違ったのかもしれません。腐るものではなかったのでいいですが、今後は気をつけようと思いました。
（Tさん・大学生・女性）

値段の桁を見間違えて…

お酒を飲みながらPCで動画を見ていたら、いいのがあったら買いたいな～と思っていたラグを発見。輸入品で数もないので、「運命だ」と思って購入。届いて明細を見たときに、２度見どころか５度見くらいしてしまいました。５万円だと思ったものが、50万円だったのです！　即刻クーリングオフしました。大きく重いもので返送代がかかり、いい勉強代になりました。
（Sさん・会社員・男性）

暮らし
34

お金

必要な生活費を確認

固定費

固定費とは、家賃や光熱費など、毎月必ずかかるお金のことです。

家賃（管理費・共益費含む）	円
電気・ガス・水道代	円
通信費（スマートフォン、Wi-Fiなど）	円
交通費（車の維持費含む）	円
その他（NHK受信料、サブスクリプションなど）	円
社会保険料	円
住民税・所得税	円
合計	円

手取り収入の30%以下を目安に

給与明細を確認！働いていない人は空欄のままでOK

memo

税金や保険の費用

収入が親からの仕送りのみの学生ならば保険料などは払っていないかもしれませんが、アルバイトなどでも給与明細書を見てみると社会保険料などが天引きされているのがわかるでしょう。病気のときなどに保険を使って医療が受けられるのも保険料を納めているから。住民税も、図書館などの公共サービスに使われています。ただ徴収されているのではなく、めぐりめぐって自分に返ってくるお金です。

1カ月暮らすのにかかるお金を把握する

ひとり暮らしでは、家賃や光熱費など、毎月必ず必要になってくるお金があるので、**しっかりと家計の管理をする**必要があります。

お金は、何も考えずに使っているとあっという間になくなってしまうもの。まずは**自分が何にどのくらいお金を使っているのかを把握しましょう。**電子マネーやクレジットカードで支払った際の利用履歴も忘れずに。

自由に使えるお金がどのくらいあるのかをしっかりと把握し、節約や貯金をしていきましょう。

生活費

生活費は、月によって変動するお金ですが、1カ月間レシートをとっておけばだいたいの目安が見えてきます。

食費	円
交際費	円
日用品代	円
服・化粧品・美容代	円
娯楽費	円
合計	円

手取り収入18万円の例

<固定費>

家賃（管理費・共益費含む）	52,000円
電気・ガス・水道代	15,000円
通信費	9,000円
交通費	10,000円
その他	12,000円

<生活費>

食費	30,000円
外食・交際費	5,000円
日用品代	7,000円
服・化粧品・美容代	5,000円
娯楽費	8,000円

memo

季節ごとにかかる費用も見積もっておこう!

エアコンを長時間使う夏場には電気代が高くなったり、長期休みで帰省するときにはまとまった交通費が必要だったり。また、自動車を持っていたら自動車税の納付時期や車検の際にはお金がかかります。こういったお金は、毎月の生活費からコツコツ積み立てておくとあわてずに済みます。

暮らし
35

お金

お金の管理ポイント

適切なお金の管理で貯金を目指す

チリも積もれば山となる。小さなむだづかいも節約も、1カ月分、1年分と積み重なれば大きな金額になります。まずは**自分のお金の使い方を把握し、むだづかいや節約ポイントがないかを見直してみましょう。**

たとえば、電子マネーのオートチャージは金銭感覚が麻痺してしまいがちです。また、飲み物をコンビニや自販機で買うのではなくスーパーで買ったり水筒を持ち歩いたりすると節約になります。お金が貯まる生活を目指していきましょう。

管理する目的を決めよう

ただ「お金をしっかり管理しよう！」と言われても、なかなかモチベーションが上がらないもの。自分の中で何か目的を決めて、お金を管理していきましょう。

無理なく貯蓄したい

何もかもをストイックに切り詰めすぎると、心にゆとりがなくなってしまいます。出費を抑えるところ・逆に大目に見るところ、とメリハリをつけて、自分がストレスなく続けられる範囲での貯金がおすすめです。

目標のためにお金を貯めたい

「○○を買いたい」「卒業旅行で○○に行きたい」「結婚資金を貯めたい」など、明確な目標と締め切りの設定があるほうが、貯金はうまくいきます。特に目標がない場合は、まずは100万円の貯金を目標にしてみましょう。

収支のバランスをとりたい

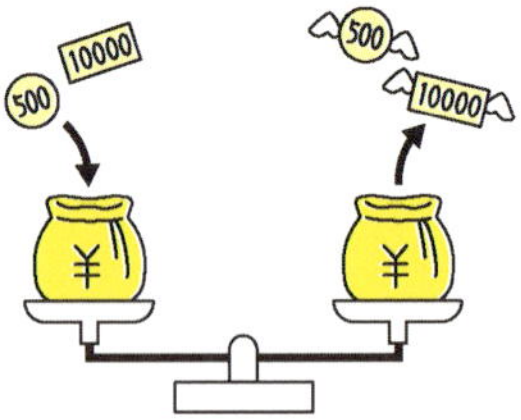

月々に自由に使える金額は、人によって大きく違うもの。自分の収入に見合ったお金の使い方をすることが大切です。

とにかく節約したい

中には、「お金を貯めること」自体を目標にして、ゲーム感覚で節約に挑戦している人もいます。同じ貯金をするのなら、楽しめるほうがいいでしょう。ただし、節約のあまり食費を削りすぎて体調を崩すなどしてしまっては本末転倒です。くれぐれも無理はしないように。

支払い形式を把握しよう

現金以外にも、さまざまなお金の支払い形式があります。それぞれの特徴と注意点を再確認しましょう。

電子マネー

ピッ！　とかざすだけで支払いができる電子マネー。交通系、クレジットカードと連携したもの、QRコード決済などがあります。支払い方式も事前チャージタイプからクレジット払いまでさまざま。便利な反面「お金を払う」という意識が希薄になりがちなので注意が必要です。

現金

従来からある支払い方法で、使いすぎの心配は少なめです。最近は少数ではありますが、現金が使えないところも。

クレジットカード

サインや暗証番号、タッチなどで決済が完了し、現金がなくても買い物ができて便利です。一方で使い過ぎや不正利用などのリスクも。

締め日と支払日をCHECK!

クレジットカードの場合、月々の利用額の締め日と支払日が決まっています。引き落とし不能などとならないよう、十分に注意しましょう。

家計簿がお金の管理の王道

お金の管理が上手な人は、ほぼ100％家計簿をつけているといっても過言ではありません。やりくり上手への第一歩！　挑戦してみましょう。挫折しそうなら支出の合計だけでも把握しましょう。

手書き

手書きの家計簿は昔からの定番。日々買った物と金額を手で記入することで支出を振り返り、むだづかいを減らすことができます。忙しい日はレシートを貼っておくだけでも。

表計算

PCが得意なら、表計算ソフトや会計ソフト、家計簿ソフトなどを活用！　データを残しておけるので長期的な比較もしやすいです。

アプリ

家計簿アプリを検索すると、お小遣い帳程度のシンプルなものから本格的なものまでさまざまなものが見つかります。

暮らし
36

お金

保険の種類を知る

もしものときのために知っておきたい保険

保険は加入が義務付けられている公的保険と任意の民間の保険の大きく2つに分けられます。**公的保険は保険料の未納付などがないように手続きをしっかりとする必要があります。**

任意の保険については、保険料と自分のライフスタイルを考えたうえで検討を。損害保険、運転をするなら自動車保険、それに医療保険の3つを柱に、自分に必要なものをよく見極めて加入するようにしましょう。

公的な保険

病気やケガで病院にかかるなど、急にお金が必要になる事態が出てきます。そんなリスクに備えるのが社会保険で、この公的な保険は基本的に日本に住む人全員が加入することになっているものです。

国民年金・厚生年金

老後の生活を支えるための資金となるのが年金。20歳を過ぎたら国民年金の納付が必要になり、会社員などは厚生年金に加入します。収入のない学生もそのままにせず、納付が猶予となる制度を利用する手続きをしましょう。

〔関連制度〕

学生納付特例制度

学生の間は、年金の納付を猶予される制度があります。

免除・納付猶予制度

収入減などで経済的に納付が難しい場合の免除、または猶予制度です。

介護保険

高齢者等の介護を国民全体で支えるための保険で、40歳以上の人が加入します。

雇用保険

雇われて働いている人が加入する保険で、失業してしまった際に失業手当が給付されます。

健康保険

病気やケガなどで病院にかかったときに治療にかかる費用の負担が少なくて済むようにしてくれるのが健康保険です。国民健康保険のほか、職場ごとの健康保険があります。

〔関連制度〕

高額療養費制度

健康保険を使っても医療費の自己負担額が上限額を超えてしまった場合、その超えた金額を支給してくれる制度です。

労災保険制度

仕事中・通勤中の事故等で病院にかかった場合の医療費は健康保険ではなく労災保険から支払われることになります。

民間の保険

右ページの公的な保険は誰もが加入するものですが、それに加えてリスクに備えるのが民間の保険です。必要に応じて加入を検討しましょう。

\ペットの病気やケガに/

ペット保険

大切なペットのための健康保険です。動物の治療費等は自己負担なので、入っておくと安心です。

\入院などのリスクに/

医療保険

大きなケガや病気でまとまった医療費が必要になった場合に備える保険です。入院1日当たりの金額や保障日数などをみて検討を。

\火災保険はマスト/

損害保険

自然災害、盗難など、偶然のリスクによって生じた損害をカバーしてくれます。物件の契約時に火災保険への加入がマストというケースも多いです。

\万が一の備えに/

生命保険

ひとり暮らしなら不要なことも多いですが、パートナーがいる、葬儀代などで家族に迷惑をかけたくないと思っている場合などは検討してみてもいいでしょう。

\運転するなら必須/

自賠責保険

車を購入すると自賠責保険への加入が義務付けられていますが、それだけではカバーしきれないケースも多いです。自動車保険などの任意保険にも加入しましょう。

\人にケガをさせたら/

個人賠償責任保険

誤って他人にケガをさせてしまった、他人のものを壊してしまったなどの事態に備える保険です。

memo

保険金の受け取り方

保険金は、手続きをしなければ受け取ることができません。病気や事故、入院など、保険金支払いの対象になりそうなことが起こったら、まずは加入している保険会社に連絡をしましょう。次に保険会社の指示に従って必要な書類などをそろえて提出します。そして、審査の結果、問題がないと判断されれば保険金が支払われるという流れになります。保険金の受け取りまでにはタイムラグがあるので注意しましょう。

暮らし 37

お金

さまざまな貯蓄方法

明確な目標を立て先取り型で貯金を！

漠然と「お金を貯めたい」と思っても、なかなか難しいもの。貯蓄をするには「○○のための資金を貯める」など明確な目標をもつことが大切です。**特に目標がなければ、まずは100万円を目指してみましょう。**

また、余ったお金を貯蓄に回すのではなく、**はじめに収入から一定額（1割程度が目安）を確保するのがポイント**です。自動積立定期預金や、会社員なら会社経由でお金を貯められる財形貯蓄がおすすめです。

積立預金をしたうえで、さらにお金を増やしたい人・多少のリスクをおかしても生活に余裕がある人は、投資などに挑戦してみるのもアリかもしれません。

貯金箱

あらかじめ毎月の貯金額を決めるほか、コツコツ貯金箱にお金を入れる・小分け封筒をつくるなどして貯金をしていきましょう。

メリット

目に見える形でお金が貯まるので励みになり、自由に使うこともできます。

デメリット

意志の力に頼った貯金になるので、全然貯まらないということも……。

積立

銀行口座から毎月一定の金額が貯蓄されていく積立タイプの定期預金を利用すれば、自動的に貯金をすることができます。

メリット

お金を貯めるのが苦手と感じている人でも確実に貯金をすることができます。

デメリット

自分のお金とはいえ、好きなときに自由に下ろして使うことはできません。

少額投資にチャレンジ

現在の日本は金利が非常に低くなっています。そのため、銀行の口座に預金があっても、お金はほとんど増えてくれません。一方で、投資をすればお金を増やすことができる可能性もあります。

メリット

成功すれば、預金よりも効率的にお金を増やすことができます。

デメリット

投資には、当然ながらリスクもあります。生活費に余裕がない場合には、手を出さないほうが無難です。

少額投資の主な種類と特徴

新NISA(少額投資非課税制度)

2024年1月から始まった制度です。通常、株式や投資信託などの金融商品に投資をした場合、これらを売却して得た利益や受け取った配当に対して税金がかかりますが、NISA口座で投資した金融商品から得られる利益は非課税になります。ただしNISA口座で投資できる上限金額は決まっています。つみたて投資枠と成長投資枠があります。

・つみたて投資枠

年間最大120万円を積み立てていくものです。この投資枠で運用できるのは、金融庁の基準を満たした投資信託のみなので、少ない資金でコツコツ資産形成したい・ある程度決まった枠組みの中で投資を始めたいという人向き。

・成長投資枠

手元に投資できるお金が一定以上あって、金融商品を適切な時期・価格で売却するかどうかの判断ができる人向き。年間投資枠は240万円です。

iDeCo(個人型確定拠出年金)

「積立」という意味では同じですが、60歳にならないと引き出せないので、老後資金を用意する人向き。iDeCoは、NISAより税制優遇が大きいので、投資に苦手意識がある人も税金を優遇してもらえる分、ハンディをもらって投資が始められます。拠出限度額は年間14.4～81.6万円と、個人によって違いがあります。

暮らし
38

お金

気をつけたいお金のタブー

ひとり暮らしだからこそ
お金にはシビアに

特に学生や新卒など若い人のひとり暮らしでは、気をつけているつもりでもお金のトラブルに巻き込まれてしまうこともあります。

中でも、「これだけは絶対に避けたい！」というタブーを紹介します。**「自分だけは大丈夫」などとは考えず、気を引き締めて過ごしましょう。**

タブー1 お金の貸し借り

親しい友人だとしても、お金の貸し借りは極力しないようにしましょう。返済が滞るなどした場合、人間関係が壊れます。どうしてもという場合には、少額でも親しい間柄でも借用書を交わすようにしましょう。

タブー2 連帯保証人

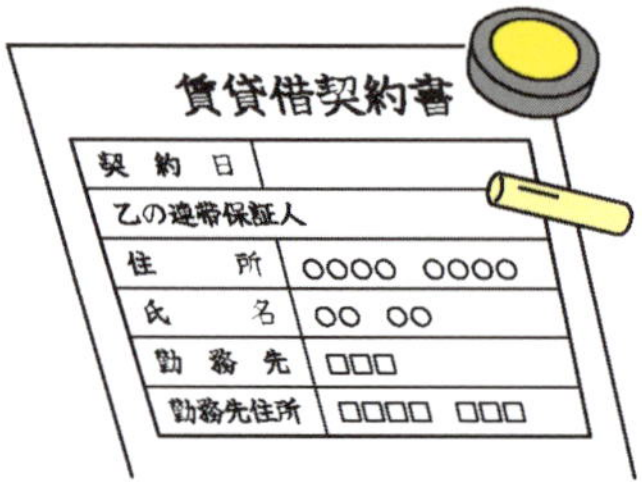

どんなに親しい人からでも連帯保証人になってほしいという依頼はキッパリと断りましょう。場合によってはその人の代わりに借金返済の義務を負うことになりかねず、非常にリスキーです。

タブー3 キャッシング

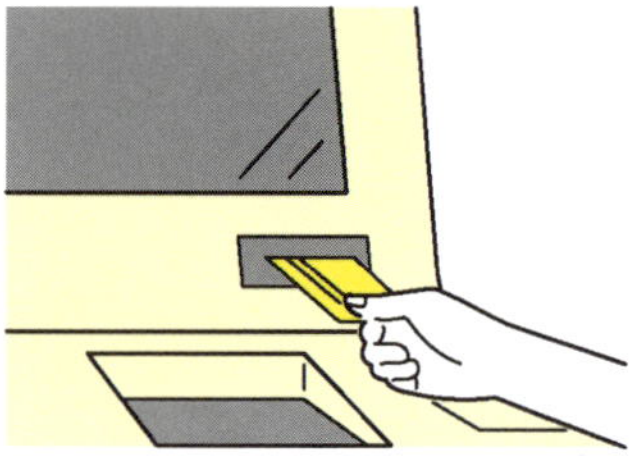

少しお金がピンチ……というときに、コンビニATMなどから、気軽に現金を引き出せて便利ですが、れっきとした借金です。気がつくと利息がふくらんでしまいます。

memo

これって詐欺?! と思ったら

社会経験の浅いひとり暮らしの若者は、詐欺師にとっては格好の“カモ”となってしまいがちです。何かおかしいかもしれないと感じたら、すぐに最寄りの警察や消費生活センターなどに相談をして、専門知識のある人に助けを求めましょう。

タブー 4 リボ払い

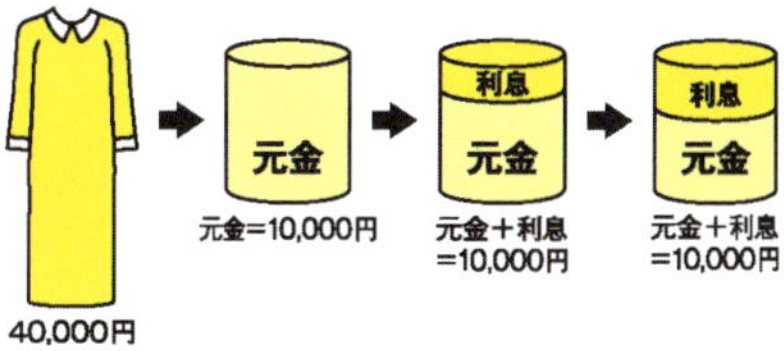

引き落とし日に支払うお金が負担のない金額に抑えられ、カード会社でもたびたびキャンペーンなどを行っているのがリボ払い。でも、その月に支払うお金が少なくて済むということは、その分、先々まで支払いが続き、利息もふくらむということです。安易なリボ払いは慎みましょう。

タブー 5 手軽な儲け話

うまい話には裏があります。「誰でも○○をするだけで不労所得」「PC1台で月収○十万円の副業」などといった夢のような話を簡単に信じてはいけません。気づかないうちに多額の借金を背負ったり、犯罪の片棒を担いでしまったりと、取り返しのつかない事態になる可能性も。

タブー 6 アプリの課金

ひとり暮らしで退屈し、スマートフォンのゲームなどに夢中になると、ついポチッとコインやガチャなどを購入してしまいがち。1回の課金額は数百円程度でも、積もり積もると大きな金額になります。

タブー 7 安易なクリック

メールでURLを共有することは日常ですが、見知らぬ相手からのメールの場合、記載されているURLを安易にクリックすることは絶対に避けましょう。フィッシング詐欺などの被害にあう可能性があります。

タブー 8 個人情報漏洩

サンプルがもらえる、抽選で豪華景品が当たるなどのキャンペーンがあります。その目的はあなたの住所、氏名、興味などの個人情報を入手すること。目先の小さなお得につられて、大きな損害につながることのないように、個人情報を出す機会は必要最小限にしましょう。

暮らし
39

防災・防犯・トラブル

安全な住まいかの確認

外側から
CHECK!

プライバシーは？ 災害時の避難経路は？

入り口ドアの外

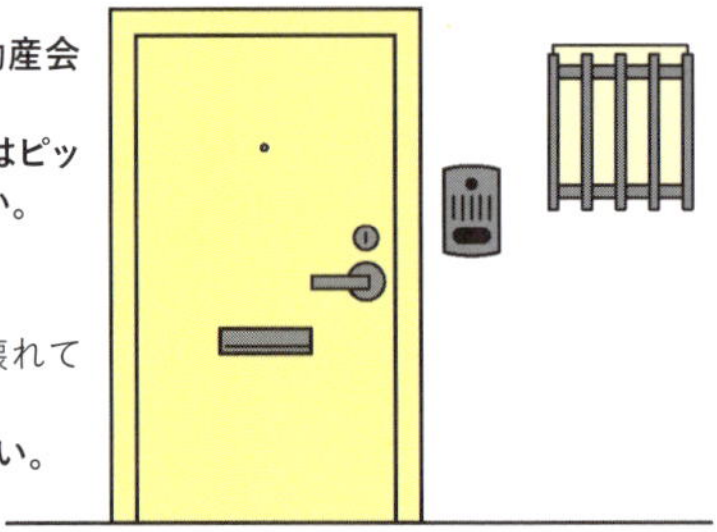

鍵
- ! **交換済みか不動産会社に必ず確認。**
- ! **ディンプルキーはピッキングされにくい。**

廊下
- ○窓の面格子が壊れていないか
- ! **私物を放置しない。**

不審な記号やマーク
- ○表札や壁の目立たない位置に知らないマークや記号が書かれていないか

ドアスコープ
- ○内側に目隠しがあるか
- ○外しにくいなど、防犯対策されたものか

郵便受け
- ○ドアポストは外から室内が覗けない構造か・集合ポストに鍵をつけられるか
- ○ポストの投函口は手が突っ込めない大きさか
- ! **郵便物などをためない。**

窓・バルコニーの外

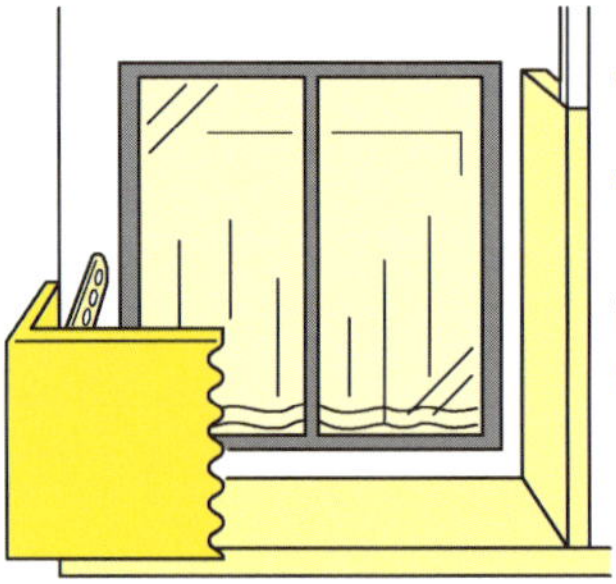

カーテン
- ○カーテンは透けないか
- ○ミラーレースカーテンや遮光1級カーテンか
- ○防炎カーテンか
- ○外から見える色柄がファンシーすぎないか

洗濯物
- ○バルコニーに目隠しがあるか、つけられるか
- ○バルコニーの腰壁より低い位置に干せるか
- ! **下着を干すときはタオルやシーツなどで囲うか室内干しにする。**

植物・物置
- ○台風や地震で飛ばされたり倒れたりしないよう固定しているか
- ○排水口が詰まっていないか
- ○隣との隔板《へだていた》や避難はしごをふさいでいないか

雨戸・シャッター
- ! **夜間や強風時は閉める。**

ポイントを押さえて安心空間をつくる

　ひとり暮らしでは、自分のことは自分で守る「自助」が基本。**住まいを安心してくつろげる空間にするには、できる限りの対策が不可欠です。**防災・遮光カーテンの使用や家具の転倒防止は、簡単で効果的な対策です。

　一方、賃貸住宅の場合、ドアスコープを替える、モニター付きインターホンにするなど、壁や内装が明らかに変わるような対策を勝手に行うのはNG。事前に管理会社や大家さんの許可が必要です。内容によっては管理者負担で変えてくれる場合もあるので、必ず先に相談しましょう。

室内のCHECK!

防犯・防災の基本

防犯の基本は「施錠」、防災の基本は「出入り口まで邪魔なく移動できる」ことです。室内のポイントを見直してみましょう。

玄関まわり

- **玄関がふさがれると災害時に脱出できない。**
- **無人の時間帯を悟られない工夫をする。**

鍵：錠カバーがあるか、補助錠がついているか
照明：常につけているか
インターホン：非対面で相手を確認できるか
置物：転倒防止対策をしているか。割れても破片が靴内に入らない位置か
傘：玄関をふさがない位置にしまっているか
非常用持ち出し袋：玄関の目につく場所に置いているか

キッチンまわり

- **調理器具、調味料、食器を出しっぱなしにしない。地震で飛んだり、割れたり、引火したりしして火災を起こす。**

コンロ：周囲に燃えやすいものを置いていないか
冷蔵庫：転倒防止対策をしているか
食器棚：食器が飛び出さないか
家電：落下防止対策をしているか
包丁：使用後すぐしまっているか

- **地震で「飛んでくる」ので、出しっぱなしはとても危険。**
- **侵入者がとっさに目についた包丁を凶器にすることも。**

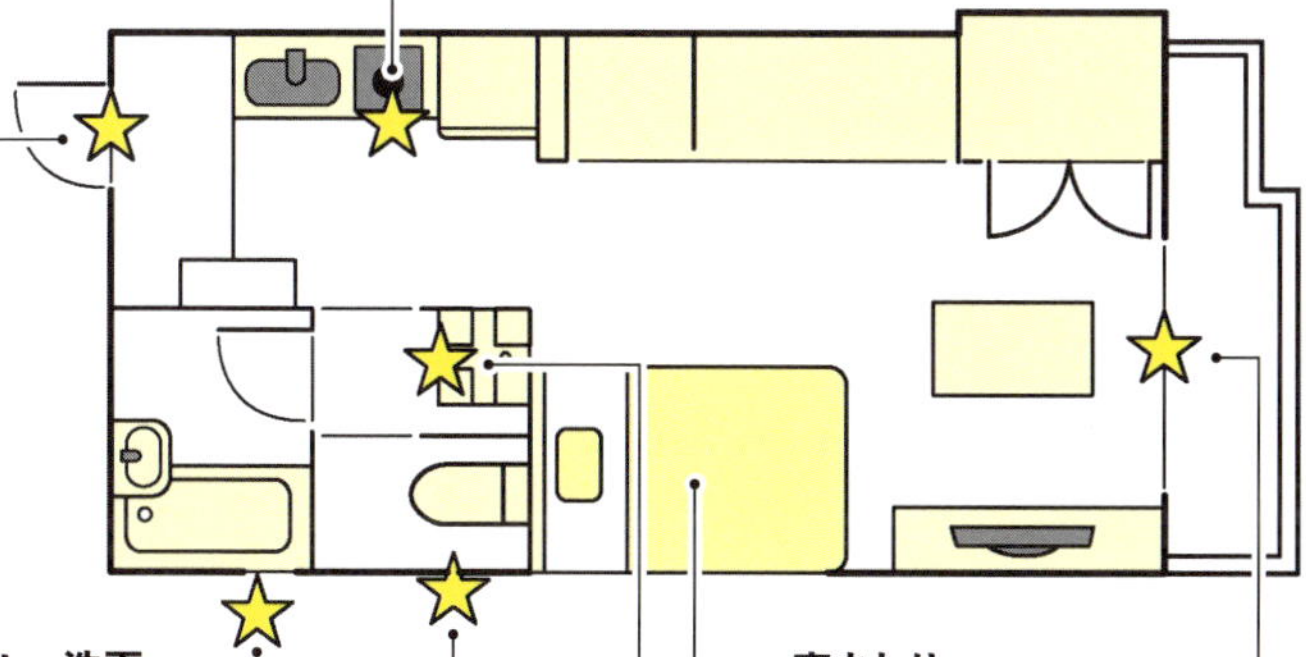

バス・トイレ・洗面

- トイレや風呂場の小窓に鍵がついているか
- **大地震後は、建物の配管が損傷している場合があるため、確認後まで水を流すのはNG。風呂に水をためていても、トイレや食器洗い後流せないことに注意。**

洗濯機

- 振動・移動防止対策をとっているか
- 排水ホースがゆるんでいないか

窓まわり

- **無施錠の窓は侵入口の代表格。**
- クレセント錠（三日月型の回転部分を窓サッシの金具に引っかけて締める錠）以外の補助錠があるか
- 防犯ブザー・人感センサーがつけられるか
- 防犯フィルムやガラス飛散防止フィルムを貼ることができるか

居室

- ベッドへ倒れ込む家具がないか
- 倒れて部屋の出入り口をふさぐ家具がないか
- 背の高い家具に転倒防止対策をしているか
- 高い位置に本などの重いもの、ガラスや陶器製のものを置いていないか
- 充電式のフットライトがあるか
- **ベッド脇にスリッパ、スマートフォン、使用している場合は眼鏡を用意しておく。**

memo

令和6年版警察白書によると、泥棒の侵入方法で最も多いのは、なんと**無戸締まり!** 侵入口第1位は**表入り口**です。鍵のかかっていない玄関から、ゆうゆうと侵入しているのです。マンションやアパートにはオートロックも多いため、油断するのかもしれませんが、こうなるとセキュリティや防犯グッズの問題ではありません。まず鍵をかけましょう!

暮らし
40

防災・防犯・トラブル

さまざまな地震対策

まず身を守り、それから状況把握する

地震発生時は、**何よりも自分の命を守ることを優先。**ポイントは「身を守る」「つかまる」「危険から離れる」の3つを意識すること。「火の始末は？」と思うかもしれませんが、揺れている最中は熱い器具や湯、油などに触れる可能性があり、大変危険です。火気からは「離れ」ましょう。

揺れが収まったら火の始末をし、周囲の状況を見極めます。このとき、あわてて行動しないこと。倒れた家具やガラス片などでケガをする危険があります。あらかじめ転倒防止対策などをしっかりとしておきましょう。

地震が起きたら

① 身を守る

緊急地震速報が入ったり、揺れを感じたりしたら即安全な空間へ。

- 丈夫なテーブルの下
- ものが「落ちてこない」「倒れてこない」「移動してこない」場所

② 火の始末＆逃げ道確保

揺れが収まったら火の始末をし、ドアを開けて出口を確保

- 震度5相当以上でガスは自動で止まるのであわてない
- 出火時、火が天井に届くくらいになったらすぐに逃げる

こんな場合は…

Case1 屋外

持っているカバンや上着などで頭を守る。動けるなら公園など広くて頭上に何もない空間に移動。パニックに巻き込まれないよう、深呼吸をして冷静に。

Case2 商業施設の中

商品棚やショーケース、オブジェなどから離れ、柱の近くで頭を守る。館内放送や係員の指示を待つ。特に非常口の明かりや出入り口に人が殺到しやすいので注意。

Case3 乗物の中

電車やバスは緊急停止するため、つり革や手すりにつかまって急停車に備える。揺れが収まったら乗務員の指示に従う。二次災害にあう可能性があるため、勝手に外に出ない。

Case4 エレベーター

揺れを感じたらすべての行先階ボタンを押し、止まった階で降りる。閉じ込められたときは、インターホンで連絡し、落ち着いて再稼働や救助を待つ。

住まいで準備する地震対策

家具の対策は超キホン！　しっかり対策しておけば、被災後の片付けや生活が少し楽になります。

移動予防

- キャスターはロックして下皿を敷く
- 耐震ジェルマット、滑り防止マットをテーブルやベッドの脚につける

中身の落下予防

- 落下防止テープ、ベルトを使い、本などの落下を防ぐ
- 扉開放防止ストッパーなどで扉が開かないように

転倒予防

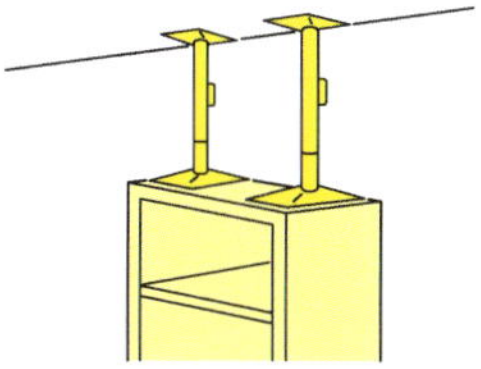

- 突っ張り棒と、滑り止めストッパーや耐震ジェルマットを組み合わせる
- 突っ張り棒は次第にゆるんでくるので、半年に1度確認する

災害時の共通対策

どんな災害でも基本の対策。まずはこれだけそろえましょう。

食料の確保

非常食は、被災直後の食事に最適。そのあとはレトルト食品や缶詰、あたたかい食事がとれるものがおすすめ。カセットコンロとボンベも一緒に備蓄する。甘いものやビタミンサプリもあると◎。

電源の確保

スマートフォンは今やインフラ。電気は比較的早く復旧するが、何日か停電が続く場合がある。モバイルバッテリーは充電式と乾電池式、ソーラー式なども各種用意。乾電池は器具に合ったものを。

水の確保

飲料用と調理用だけで1人当たり1日3リットル必要。最低3日分は確保しましょう。洗面所やキッチンの隙間、本棚の下段などに分散してストック。日常的に飲んで、減った分を買い足す「ローリングストック」を。

避難時に持ち出すもの

必要最低限の「非常用持ち出し袋」をつくる。非常食、水1本、明かり、スリッパ、現金、常備薬、下着、非常用トイレ、口腔ケア用と体拭き用のウェットシートなど。さっとかつげる程度の重さに（→P.162）。

明かりの確保

すえ置き用のランタン、ヘッドライトがあると片付け作業などがはかどる。懐中電灯とペットボトルで、簡易ランタンもつくれる。乾電池などの電源を忘れずに。ロウソクなどは、火災の危険がないところで使う。

トイレの確保

生理現象は止められないが、災害時は下水管が壊れてトイレが使えなくなり、仮設トイレもすぐには設置されない。非常用トイレを必ず用意しておく。自分の1日のトイレ回数×7日分が目安。

暮らし
41

防災・防犯・トラブル

非常用持ち出し袋

必要最低限のものを用意し素早く家を離れよう

家がメキメキいう、水が迫ってきた、崖が崩れそうなど、一刻も早く避難しなければならないとき「何を持っていこうか」と考えている暇はありません。**非常用持ち出し袋は、平常時につくっておくべきものです。**

とはいっても、何をどれくらい持てばいいのかは人によって異なります。そのため、持ち出し袋は一度つくったらそれきりではなく、何度か見直しましょう。

ポイントは、**さっと持ち出せる大きさと重さ**であること。「背負って走れる」が目安です。**持ち出し袋の中身は「軽薄短小」の視点で、持ち運びしやすいものを選びましょう。**

非常用持ち出し袋の中身

日常生活品を組み合わせてつくることもできますが、市販の防災セットを買い、必要なものを足していくのも手です。

衣類
- ヘルメット（折りたたみ式が便利）
- 長袖長ズボン
- 軍手（できれば革手袋）

情報収集ツール
- 災害用ラジオとイヤホン
- モバイルバッテリー、乾電池
- 充電ケーブル
- ノート、筆記具
- 防災マップ

季節用品
- 使い捨てカイロ
- 防寒具（手袋、厚手の靴下）
- 汗拭き用タオル（多め）

その他（余裕があれば）
- アイマスク、耳栓
- ストール
- リップクリーム、スキンケア用品（男女とも、唇や肌の乾燥防止）

道中や避難場所で使うもの
- ランタン、ヘッドライト
- レインウェア
- 携帯用ブランケット
- スリッパ
- ホイッスル、防犯ブザー

飲食品
- 調理不要の携行食、最低3食分
- 水1L分

最重要品
- 予備の眼鏡（コンタクトレンズは×）
- 補聴器など、普段使っている補装具（予備）
- 現在処方されている薬
- ペット用品（ペットがいる場合）

健康・衛生品
- 非常用トイレ数日分
- 口腔ケア用ウェットシート
- 救急セット
- 感染症対策グッズ
- 替えの下着1組
- 生理用品
- ゴミ袋（大小）
- 体拭き用ウェットシート

貴重品袋
- 現金（100円・500円硬貨、1000円札メイン）
- 身分証明書のコピー

年に2度は中身をCHECK

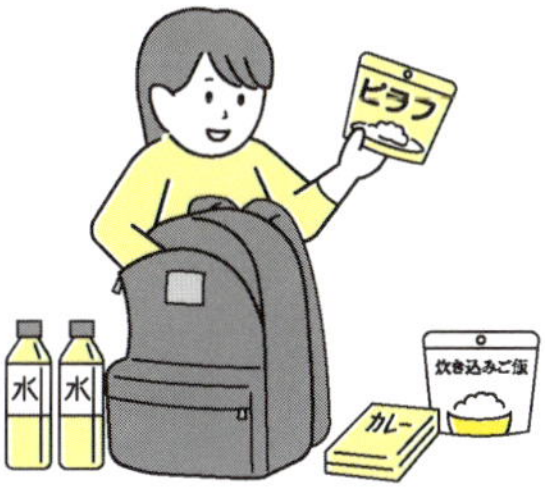

- 「中身リスト」をつくって管理する
- 賞味期限などを確認し、食品と水は新しいものに替え、古いものは食べて消費
- 夏物（汗拭き用タオル）、冬物（防寒具）はひとまとめにしてチャック付き袋に入れ、季節に応じて袋ごと入れ替える

置き場所

- 玄関など、避難時必ず通る場所に置く
- ヘルメットや照明、軍手、丈夫な靴などはすぐ身につけられるよう、一緒に置く
- 上にものを置いたり、押入れに入れたりしない

袋はリュックがベター

- 両手が空くので、とっさの危険回避やがれきをよけつつ進むなどの行動が取りやすくなる
- 耐火性能や防水性能にはこだわらなくてOK
- 重いものは上に、軽いものは下に詰めると疲れにくくなる

連絡メモを用意

- スマートフォンが使えなくなると、家族や友人の連絡先がわからなくなるので紙に書いておく
- 避難時、ガムテープに「無事」と書いてドアに貼るなど、太いペンが案外役に立つ

センパイの声

持ち出すものは小物が多いので、袋の中であちこちに散らばりがち。カテゴリーごとに、チャック付き袋やビニール袋に分けて持ち出し袋に入れておくと散らばらず、袋がぬれても安心。

（Kさん・大学生・女性）

センパイの声

貴重品を普段から入れておくと、空き巣のボーナスになってしまうことも。持ち出し袋のポケットをひとつ空けておき、避難の最後に用意しておいた貴重品袋を袋ごと放り込むと◎。

（Yさん・アルバイト・男性）

センパイの声

携帯トイレを持っていても、「どこでするのか」問題がある。トイレが使用禁止でも個室が使えるなら、便器内に携帯トイレをかぶせて用を足す。水は流さないように！　覆いがない緊急仮設トイレは、レインポンチョを目隠しに使う手がある。（Tさん・会社員・女性）

暮らし
42

防災・防犯・トラブル

避難所やルートの確認

避難場所と避難所はそれぞれ目的が異なる

避難場所と避難所。ひと文字しか違わないので役割も同じように思えますが、まったく違います。

避難場所は、**命の危険を回避するために緊急避難する場所**のこと。公園やグラウンドのような開けた場所、津波や洪水では高台や街中の高いビルなどが主な避難場所です。

一方、避難所は、**災害で住まいに被害を受けた人やこれから受けそうな人が、一時的に避難生活を送る場所。**学校など公共施設のことが多いですが、広い校庭がある学校は避難場所にも指定され、結果的に避難場所と避難所が同じ場所になることもめずらしくありません。

避難場所・避難所の確認

職場・学校近く

外出先で被災したときは、無理に帰ろうとしないことが基本。最寄りの避難場所を確認しておき、災害発生直後に今いる建物が安全でないと判断されたら、避難場所に。職場が被災したら、帰宅や職場待機が困難な人のための「一時滞在施設」に向かい、帰り道の安全が確保できてから、基本的には徒歩で帰宅を目指します。学校は避難所になる場合も多く、比較的安全なことが多いです。職場同様、帰り道の安全が確認できてから帰宅します。

住まいの近く

地域の避難場所、避難所を調べておきます。ただし、災害発生直後の避難場所は校庭や広い屋外で、屋内は被害の確認中だったり、避難所の開設準備中だったりして入れない場合があります。発生直後に「避難所」に行っても、すぐに受付が始まるとは限らないことに注意。まずは「避難場所」で危険を回避し、警報等の解除後、状況を確認し必要に応じて避難所に向かいます。

津波などの避難先は

津波や高潮の避難先は、「津波避難場所」や「津波避難ビル」です。専用のピクトグラム（マーク）が表示されているので確認しておきましょう。津波の場合、すぐに高所へ逃げる必要があります。そのため、比較的低い土地にある避難所は、津波の避難場所ではない場合が多く、注意が必要です。

津波避難場所

津波避難ビル

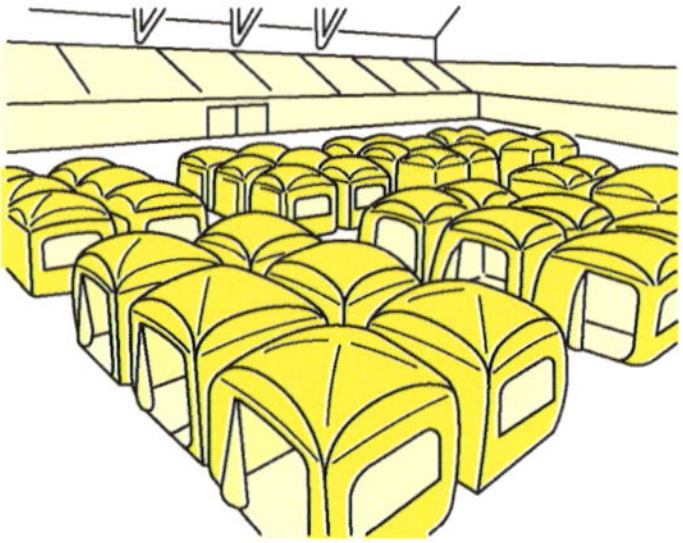

避難ルートの確認

職場・学校からの帰宅ルートの確認

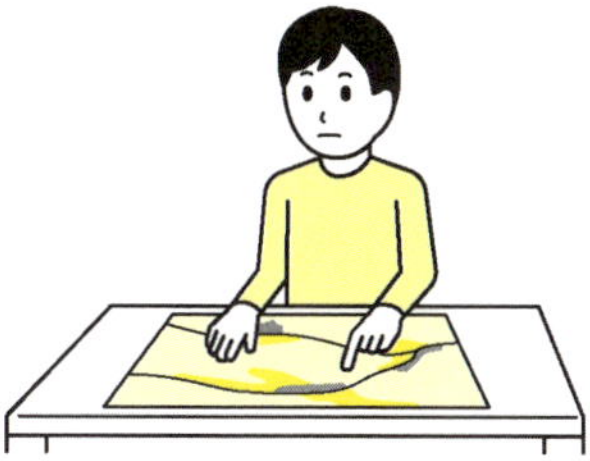

ハザードマップなどで、職場・学校からどのルートで帰れるかを確認します。どのくらいの距離を歩くかも考える必要があります。ルートの途中に一時休憩ができる「災害時帰宅支援ステーション」があるかも確認しましょう。

住まいから避難場所までのルート確認

実際に歩いてみると、狭い路地だった、ブロック塀や自動販売機が続いている、頭上に古い看板がずらりとある、といったことがわかるかもしれません。このような道は危険なため、避難ルートから外します。また、AEDや公衆電話がある場所も、実際に見てチェックしましょう。

memo

災害用伝言ダイヤル

災害時には音声通話やインターネットがつながりにくくなります。NTTの「災害用伝言ダイヤル」「災害用伝言板（web171）」、通信各社の「災害伝言板」が開設されるので、家族や友人との安否確認に利用しましょう。

毎月1日と15日や防災週間などに、各災害用伝言サービスの利用体験ができます。

NTT東日本　災害用伝言ダイヤル
https://www.ntt-east.co.jp/saigai/voice171/

家族との情報共有も大切

避難ルートの危険箇所などは、職場の人と情報交換しておくと安心です。また、「被災したらどこの避難所に行くか」「そこがいっぱいだったらどうするか」「職場に何日くらいとどまってから帰るか」などの情報を、家族に伝えておきます。「災害用伝言ダイヤル・災害用伝言板」のことも知らせておきましょう。

暮らし
43

防災・防犯・トラブル

空き巣予防策

空き巣に狙われやすい部屋とは

セキュリティが高そうなマンションでも、空き巣被害は後を絶ちません。かえって気がゆるみ、防犯意識が薄れていることもあります。

1〜2階の部屋

1階で塀や植栽が目隠しになっていると、侵入されやすくなります。2階の場合、気がゆるんで防犯対策が甘くなりがちです。

最上階

屋上まで簡単に入れる構造の場合、屋上からロープなどで侵入が可能なため、最上階も狙われやすくなります。また、最上階という気のゆるみから、鍵のかけ忘れなども多くなります。

不在がわかりやすい

不在がはっきりわかる部屋は侵入されやすくなります。ポストに郵便物や新聞がたまっているのは、不在をアピールしているようなもの。SNSに「現在旅行中」の投稿をするのも、他の投稿からすでに住居を特定されている可能性があります。

駅から近い

便利な立地は、空き巣にも便利。駅が近ければ、下見に通いやすく、逃げやすいのです。駅周辺は人が多く、人混みにまぎれて下見をしたり、逃走したりもできます。

生活サイクルがわかりやすい

毎日決まった時間に部屋の電気がつく、出勤や通学で家を出る、など、何日か下見をされて生活サイクルを読まれる場合があります。洗濯物は外に干したいものですが、これも生活サイクルを悟られやすくなる一因となります。

経済的な負担に加え侵入されたショックが多大

住まいを探すとき、多くの人は防犯面を気にすると思いますが、空き巣被害は決して少なくありません。マンションなど、**表玄関がオートロックでもそれ以外のセキュリティ対策がゆるい場合**や、オートロックがあるからと安心して**自宅の玄関や窓の鍵をかけないでいる**と、空き巣は簡単に侵入してきます。

空き巣は短時間で犯行を済ませるために、侵入場所の下見を何度かするといわれます。下見の段階で「入るのが面倒だな」と思わせられれば、ターゲットにならずに済む可能性が高まります。賃貸でもできる対策を、最大限やっておきましょう。

日常の対策

空き巣に入られない環境をつくることが一番。賃貸でもできることはいろいろあります。

二重ロック

ドアや窓に補助錠をつけます。賃貸でドアに補助錠がつけられない場合は、サムターン（ドア内側の、ツマミを回して錠の開け閉めを行う部分）カバーをつけます。

出入り口のセンサーライト

玄関外やバルコニーに人感センサーのライトをつけます。目につくように取り付けるだけでも、侵入をためらわせる効果があります。

表札

氏名から女性だとわかったり、ひとり暮らしだと判断されると、侵入されやすくなります。姓だけ表示しておきましょう。

貴重品

手提げ金庫はそのまま持っていかれるので逆効果（ダミーはOK）。わかりにくい場所に隠しましょう。多額の現金は部屋におかず預金が無難。

郵便受け

毎日確認して、郵便物をためないようにします。郵便物を盗まれて個人情報が漏れ、他の犯罪に巻き込まれる危険もあるため、鍵をつけましょう。

カーテン

カーテンで視線を遮りましょう。遮像カーテンやミラーレースカーテンなど、影が映りにくく透けにくいカーテンがおすすめ。

数日家を空けるとき

郵便物の停止

- 郵便局に不在届を出すと最長30日間保管してくれます。不在届の用紙は郵便局や、ダウンロードで入手可能。
- 届出の際、身分証明書が必要。
- 届出後「不在届受付確認票」の受け取りが必要なので、余裕をもって提出しましょう。

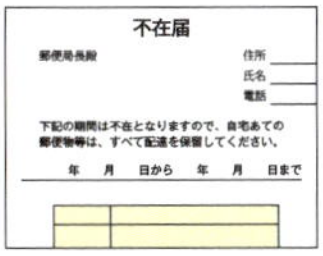

明かり対策

- カーテンを閉め、部屋の明かりをつけっぱなしにします。タイマーでオンオフができると便利。
- 玄関の照明は消さずにおきます。

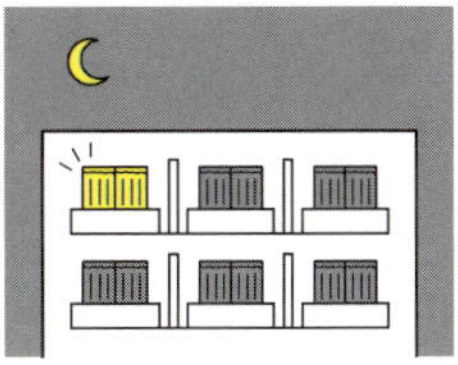

空き巣に入られたかも?! と思ったら

帰宅して部屋が荒らされている、いつもと違うと思ったら、中にまだ空き巣がいる可能性を考え、すぐ外に出て110番通報。家に入る前に、鍵や窓が開いていると気づいたときは、入らず通報します。管理会社や大家さんにも忘れず連絡します。警察が来たら、指示に従って中を確認。検証前に自分でも何枚か写真を撮ります。できれば、盗聴や盗撮がされていないかも調べましょう。もし、部屋で空き巣とはち合わせた場合、捕まえる、顔を確認するは絶対NG。空き巣が強盗となり、被害が拡大する危険性が。

暮らし
44

防災・防犯・トラブル

犯罪を未然に防ぐ

適度に気を引き締めて快適・便利に暮らす

ひとり暮らしでは、自分だけの自由な生活を満喫できます。一方、何かあってもその場ですぐ相談したり代わりに対処してくれたりする人がおらず、自分が決断・対処しなくてはなりません。いくら警察や管理会社の人がいようと、**その瞬間に対処できるのは自分だけ。日常のさまざまな場面で用心し自衛する必要があります。**

とはいえ、一日中気を張っていても疲れるだけです。SNS上でもリアルな生活でも、常識的な対処をすれば回避できるトラブルがほとんど。気は抜かず、ひと呼吸おいて冷静に、丁寧に対処することを心がけましょう。

ネット・SNS上の用心

SNSは気軽に投稿できる分、身の回りのちょっとした出来事も紹介したくなります。それが個人情報の流出につながることも……。

プライバシーがわかる投稿に用心

全世界から見られるSNS、閲覧者は案外多いもの。何気ないひと言や画像から、生活圏などを特定されることがあります。写り込んだ郵便物などから住所がもれる例も。個人情報をさらしていないか確認を。

なりすましメール、広告に用心

有名人や大企業を名乗ってメールや嘘の広告を送り、投資ビジネスなどに勧誘して詐欺をはたらく例が増えています。好きな芸能人が勧めているからと飛びつかず、どんな会社なのか調べましょう。メールや広告のリンクはクリックしないこと。

マッチングアプリを利用するとき

自治体と協力しているアプリもあり、その場合は比較的安心して使えます。一方、出会い系や詐欺のアプリもあり、簡単には区別がつきません。「運営会社の表記があるか」「本人確認を行っているか」「インターネット異性紹介事業届を出しているか」を最低限確認しましょう。

スマートフォン・ネットのプライバシー制限

スマートフォンには、アプリの個人情報や、特定サイトの情報へのアクセスを制限する機能があります。これらを適切に設定して、個人情報が不用意に流出することを防ぎ、怪しいサイトを見なくて済むようにしておきます。

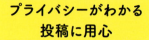

住まいでの用心

知らない人が知らない用件で接触してきたら、応対しないのが基本です。

不明なインターホンや電話に出ない

予定にない訪問者は、ドアを開けて応対しないこと。事前案内なく点検と言われたら、その場で管理会社や大家さんに確認。電話は出るべき相手とわかってから出ましょう。

カーテンを閉める

家の中や自分が外から見えないようにすることが基本。特に夜は、照明がついていると外からはっきり中の様子が見えます。必ずカーテンをつけ、夜は閉めて。

宅配の受け取り

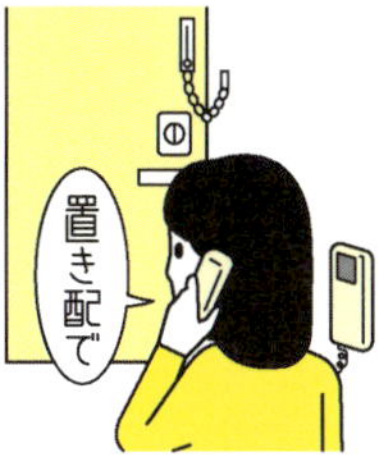

まずはインターホンやドアスコープで確認。受け取る際はドアチェーンをしたままか、置き配にしてもらい、業者が立ち去るのを確認してから室内に入れるなどの工夫を。

外出中の用心

ながら歩きや手持ちぶさたな態度は、つけ込む隙を与えます。

勧誘などはスルー

キャッチセールスなど、街は隙あらば勧誘しようとする人が大勢。立ち止まって話を聞かないこと。何かの集会に連れて行かれたら、即決せず、帰って信頼できる人に相談を。

夜は街灯のある通りを

多少遠回りでも、できるだけ街灯があり、人通りのある道を通りましょう。どうしても通らなければならない暗い道ではスマートフォンのライトをつけ、足早に通り過ぎます。

両耳をふさいで歩かない

イヤホンで耳がふさがれていると不審者に気づきにくいだけでなく、交通事故にあう危険もあります。ひとり歩きのときは常に周囲や背後を気にしましょう。

暮らし
45

防災・防犯・トラブル

住まいのトラブル

大ごとになる前に管理会社や大家さんに連絡

水が止まらない・流れにくい、壁などを壊した、などのトラブルが発生したら、まず応急処置をします。その後管理会社や大家さんに連絡し、本格的な点検や交換・修理を手配してもらいます。**費用負担を明確にするために、早めの連絡が大切です。**

注意したいのは、夜間、今まで使っていたガスや水道が突然止まったとき。不審者のしわざかもしれません。家の中で止まる原因になりそうなことを調べます。原因がなくても、外に出るのは朝になってから。怪しい人影を見たり、元栓が閉められたりしていたら警察に通報を。

水関係のトラブル

自分が困ることと下の階の住人など他人を困らせることの2つのケースがあります。どちらも基本は、応急処置、「管理会社・大家さんに連絡」です。

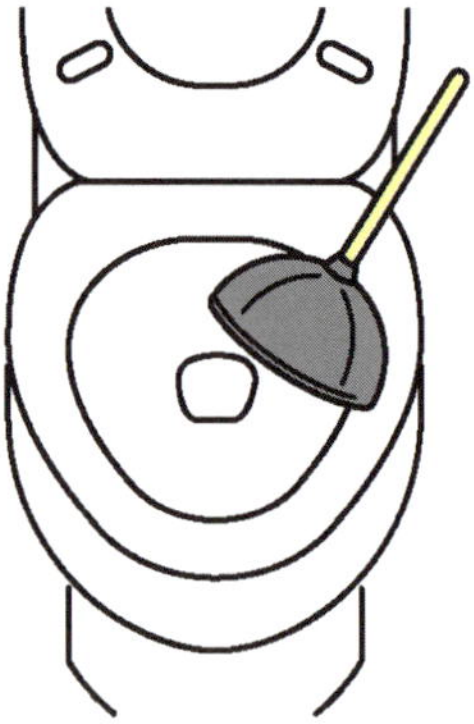

【自分が困る例】

- トイレが詰まった・水が止まらない
- 水が出ない、湯が出なくなった
- 排水口から強烈な下水のにおいがする
- 天井から水がたれてきた

【他人を困らせる例】

- お風呂をためていたのを忘れてあふれさせ、下の階に水漏れした

電気関係のトラブル

最も気をつけることは、火災と感電です。発熱する家電の周囲に可燃物を置いてはいけません。停電して、漏電ブレーカーが落ちていたら、漏電火災や感電の危険があります。一度すべてのブレーカーを落とし、1つずつ安全ブレーカーを戻して漏電箇所を調べます。漏電箇所がわかったら、その部分のブレーカーを落として管理会社や大家さんに連絡しましょう。また、やりがちなのは、いくつもの家電を同時に使い、ブレーカーを落とすこと。特にエアコン、電子レンジなどは電気を多く使います。

家電が壊れた

エアコンなど、入居時に備え付けの家電が壊れたときは、管理会社に連絡して点検・修理を手配してもらいます。早く直したいからと、自分で業者を呼ぶのはNG。ただし、管理会社から「そちらで修理の手配をして」と言われることも。その場合は費用負担を確認し、自分で手配します。入居後自分で購入した家電は、直接業者に依頼してOK。

トイレの不具合

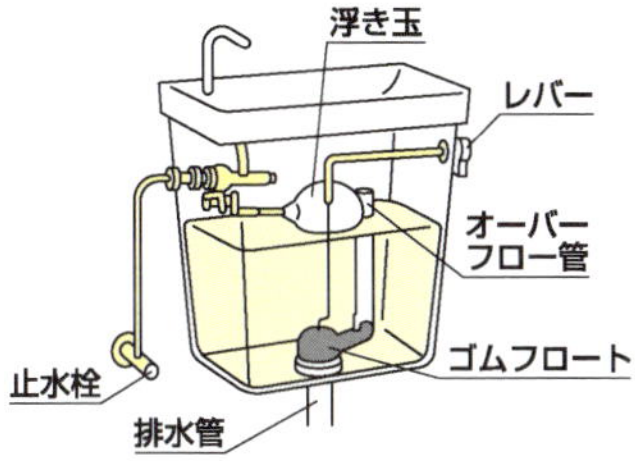

トイレが流れにくいときは、ラバーカップを使って詰まりを解消できます。
①水が止まらない：止水栓を閉め、タンクの中のゴムフロートに挟まっているものがないか、浮き玉が外れたり沈んだりしていないか確認。
②水が流れない：ゴムフロートとレバーをつなぐチェーンが外れていないか、浮き玉が動くか、排水管が詰まっていないか確認。
対応して変化がなければ管理会社に連絡を。

ガスのにおいがする！

ガスを使っていないのににおいが強いときは、電気をつけずに屋内と屋外のガスメーターの元栓を閉めます。暗くても、くさくても、照明や換気扇をつけてはいけません！　窓とドアを開け、外に出てガス会社に連絡。ガス漏れに備え、ガス会社は24時間体制なので、夜間でも電話しましょう。

ガスが使えない

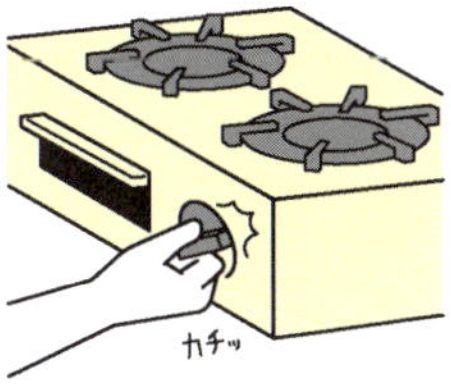

屋外のガスメーターの元栓を確認します。元栓が閉まっておらず、メーターの赤いランプが点滅していたら、地震などを感知しての自動停止です。屋内の元栓を閉め、説明書に従って復旧させます。赤ランプが消えている、復旧作業をしても使えない場合はガス会社に連絡。事前連絡なくガスメーターの元栓が閉まっているときは、犯罪の可能性を考え、警察に通報を。

住まいを傷つけた

家具をぶつけて壁に穴を開けてしまった、フローリングに傷がついた、などは比較的よくあるトラブル。小さな傷や穴は、市販の補修キットで埋めます。床をよく傷つける場合は、家具の底や脚に傷防止テープを貼ったり、カバーをつけたり、ラグやカーペットを敷いたりすると◎。ほとんどの場合、画鋲の穴程度なら退去時の原状回復は不要です。

油に火がついた！

油に火がついたとき、水をかけるのは厳禁！　住宅用消火器などの消火器具で消火を試みます。ないときは、ぬらしてしぼったタオルを鍋にフタをするように数枚かけ、ガスの火を消し、元栓を閉めて119番通報。火が消えたように見えても通報します。炎が天井まで届いたら、自力消火は無理。すぐに逃げて119番通報を。

暮らし
46

防災・防犯・トラブル

ご近所トラブル

生活パターンの違う人が近接して暮らす場所

集合住宅は、四方の空間に他人が住んでいます。当然、生活音は四方から聞こえてきますし、こちらの音も四方に響きます。生活パターンもさまざまなため、**自分にとってはささいなことが他人には不快に感じられ、トラブルになることがあります。**

集合住宅のルールやマナーの多くは、それらのトラブルを未然に防ぐためにあります。せっかくひとりで気ままに暮らせると思ったのに！ と思うかもしれません。でも、ルールを守ることでお互いが円滑に生活でき、結果的に快適なひとり暮らしを送ることができるのです。

日常の暮らしで気をつけたいこと

その1 大きな音を出さない

テレビやオーディオの音、話し声は自分が思う以上に周りに聞こえています。また、足音や椅子を動かすなどの生活音にも注意です。2階以上に住む場合は、底のやわらかいスリッパを履いて音を軽減するなど工夫を。筋トレや有酸素運動はマットを敷き、夜遅くにはしない、友人を招いて部屋で過ごすときは、音や声を抑えるなど節度をもって過ごしましょう。

夜中には特に気をつけたい音

- テレビ、音楽の音量
- 足音、玄関ドアの開閉音
- 電話、会話
- 掃除機、洗濯機の駆動音（規約で夜間は禁止の場合も）
- バイク、車の使用時に発する音

その2 隣人、管理人に挨拶を

会釈でいいので、すれ違ったときは挨拶しましょう。おはようございます、などと声がかけられればベター。隣人がどんな人物かわからないと、警戒心が高まります。

その3 ゴミ出しのルールを守る

物件を決めるポイントに「ゴミ置き場」があるように、ゴミ置き場は住人の質が表れます。分別や捨てる時間、曜日などのルールをきちんと守り、質を下げないように。

その4 共用スペースのルールを守る

廊下、エレベーター、エントランス、駐輪場、バルコニーなどの共用スペースでは規約を守りましょう。「私物を置かない」のは鉄則。汚したときは、自分で掃除します。

教えてセンパイ！

実際に起こったトラブル例

意外なことがトラブルにつながります。
まずは我が身を振り返ってみて。

隣人のたばこの煙が入ってくる！

隣の部屋の人がバルコニーでたばこを吸うので、窓を開けると煙が室内に入ってきてとても迷惑。洗濯物にもにおいがつくし、私は一年中窓を閉め切って生活しなくちゃならないのに、相手は涼しい空気の下でたばこ吸えるなんておかしい。トラブルにならず注意する方法を考え中です。

そんなところにとめるなー！

仕事から早めに帰ってきて駐車場に車をとめようとしたら、他の車がとまってる！　管理会社の人が持ち主を探してくれたんですが、その間自分の車が路駐しているみたいで不愉快でした。同じ建物の学生が「ここ、いつも夜遅くまで空いてるから」って友達の車をとめさせたんだとか。常習犯らしく、訴えたいくらい。

ゴミ出しのルール違反

マンションのゴミ置き場は、24時間自由にゴミを出せます。ただ、分別せず放置していく人がいて、「あーあ」と思っていたら、管理会社が警告の貼り紙をしました。そのうち監視カメラがつくかも……と同じ階の人と話しています。

夜通し騒いで警告がきた

同じゼミの友人数人を呼んで、自分の部屋でひと晩中飲み会&ゲーム大会。すごく盛り上がって楽しかったけど、酔っていたこともありちょっと声出しちゃったなー、と思っていたら、次の日ポストに手紙が。「今度騒いだら警察を呼びます」と書いてあって青くなりました……。

ここペット禁止物件だけど？

きれいで駅も近いマンションを見つけられて喜んで入居したけど、どうもペットがいる気配がします。私は大の猫好きで実家に2匹猫がいます。でもペット禁止物件だから、帰省まで我慢……と思っていたら、夜帰宅したとき、隣室から猫の鳴き声が。大家さんに確認したらペット禁止だというし、隣の人に「猫飼ってるんですか？」と聞いたらすごい顔でにらまれて。それ以来、挨拶しても無視されます。私だって許されるなら猫飼いたい！

自家製野菜はおいしいけど…

バルコニーで家庭菜園を始めました。毎日手入れして、収穫を楽しみにしていたら、下の階の人が来て「水を外に捨てないで。洗濯物がぬれる」と。バルコニーの柵ぎりぎりに置いたプランターへの水やりが原因でした。でも構造上、そこにしかプランター置けないんです。どうしようかなあ。

暮らし 47

防災・防犯・トラブル

苦情は第三者に相談

感情が爆発する前に相談して落ち着こう

すぐにでもやめてほしいと、直接相手に苦情を言いに行くのはおすすめしません。どんなに自分の言い分が正しくても、相手が気分を害して問題がこじれる可能性があります。**苦情は必ず第三者から伝えてもらいましょう。まず管理会社や大家さんに苦情を伝え、解決しないときは外部の相談機関を使います。**どこに相談していいかわからない場合、＃9110に相談し、適切な相談機関を教えてもらいましょう。

逆に、自分が直接苦情を言われた場合も、管理会社などの第三者に仲介してもらいます。直接会うと、認識の違いからもめごとになる可能性が。

相談する第三者とは

管理会社・大家さん

管理会社や大家さんへの相談が、最も穏便です。ただし、苦情を出したと相手に知られたくないのに「大家さん同席のもと、両者が対面で話し合い」という方法をとられた例も。どのような解決方法なのか確認が必要です。

役所

騒音やゴミ出しなどの問題は、行政で解決できることもあるため、役所に相談してみましょう。相手との交渉はしてくれないので、賠償してもらいたい、深夜に音を立てないなどといった条件を承諾させたいときは、別の相談機関を使う必要があります。

警察

民事不介入が原則で、ご近所トラブルを直接解決することはありませんが、#9110に相談すると、適切な機関を紹介してくれます。どこに相談していいかわからない場合に使えます。「隣室で物騒な叫び声と悲鳴が聞こえる」のように緊急性があると判断された場合、警察官が来ることも。

弁護士

管理会社も警察も行政も難しく、トラブルが続く場合は、弁護士への相談も。裁判せずに解決する方法を教えてくれることもあり、敷居が高すぎるということはありません。証拠をそろえ、内容証明郵便で弁護士事務所名義の警告文を送ったら解決した、という例も。

memo

証拠を集めておこう

苦情を入れるときは思い込みや勘違いではないことを明らかにする必要があります。騒音を録音、何時頃か記録、違法駐車の状況を撮影など、証拠を集めてから相談すると、第三者に話を聞いてもらいやすくなります。

さまざまなトラブルの相談窓口

	電話番号	相談内容・連絡先	詳細
緊急	110	警察（事件・事故）	警察官にすぐ現場へ来てほしい事件や事故の通報。「何があったか」「場所はどこか」をしっかり伝えましょう。
	119	消防署（火事・救急）	消防車・救急車が必要な場合の通報。必要情報を順番に聞かれるので、落ち着いて答えましょう。
	118	海上保安庁（海の事件・事故）	海での遭難や事故にあった、目撃したときに通報。「いつ」「どこで」「何があった」かを、確実に伝えましょう。
災害	171	災害用伝言ダイヤル	災害時に音声でメッセージが残せる「声の伝言板」。毎月1日と15日には利用体験ができます。
緊急性の判断	#7119	救急車を呼ぶか迷うとき（救急安心センター事業）	相談員や医師・看護師が症状を聞き取り、判断してくれます。体調が悪いときにどの病院に行けばいいかの相談も可能。
	#9110	警察を呼ぶか迷うとき（警察相談専用電話）	ストーカーやDV、悪質商法など事故や犯罪が起こったわけではないが、巻き込まれそうなとき、キャッシュレス決済で覚えのない購入履歴があったときなどの相談に。実際に相手が検挙されることも。
被害を受けた	188	消費者ホットライン	悪質商法、訪問販売・通信販売の契約トラブルや、製品やサービスで被害を受けたときの相談窓口。引っかかったのは自分が悪いからと諦めず、相談してみて。
	#8891	性被害にあった（ワンストップ支援センター）	性犯罪・性暴力に関する相談窓口です。医療的支援・法律支援・捜査関連支援・心理的支援などを総合的に提供しています。性別にかかわらず相談できます。
	0120-811-610	職場がブラック（労働条件相談「ほっとライン」）	残業が多い、有給が取れないなどの労働環境に関する相談や、体を壊した、給料が支払われないといった相談ができます。開設時間が平日夜間（17時～22時）、土日祝日（9時～21時）なのもポイント。
	0570-003-110	差別やパワハラを受けている（みんなの人権110番）	差別やハラスメント、虐待、インターネットでの誹謗中傷など、人権侵害について相談できる法務局の相談電話です。
借金	0570-031-640	借金が返せない（多重債務ほっとライン）	借金の返済や整理について、内閣府の認定を受けた公益財団法人が無料でカウンセリングを行い、必要な手続きを支援してくれます。
こころの相談	0570-064-556	悩んでいることがある（こころの健康相談統一ダイヤル）	自分の悩みを相談でき、必要に応じて解決方法などの助言もしてくれます。他人から相談された悩みで自分が悩んでしまった場合も相談できます。
	0120-783-556	生きているのがイヤになった（日本いのちの電話連盟）	深い悩みやつらさを抱え、誰にも相談できず「死にたい」「消えたい」「生きるのに疲れた」と思ってしまうときに、つらい気持ちを受け止めてくれます。

暮らし
48

心のケア

さびしさを感じたら

さびしいのは当たり前 人とつながる努力を

ひとり暮らしの静かな部屋に帰ったときや、誰とも話さない日が続いたときなどは、さびしさやストレスが押し寄せてくるものです。「ひとりでさびしい」という感情は当たり前で、「自分だけかも」「もっとしっかりしなくては」などと思うことはありません。**悩みやつらさはひとりで抱え込んでしまう前に、行動しましょう。**家族や友達など、誰かの声を聞いたり、上手に頼ったりすることが大切です。また、さびしい感情に心が占領されないように、別のことで頭をいっぱいにさせるのも◎。趣味を極めたり、新しい社会のコミュニティとつながったりすることも考えて。

誰かと話そう

家に引きこもって誰とも会話をしないと、心がさびしさでいっぱいになってしまうかも。自分からアクションを起こして、周囲の人と連絡をとってみませんか。

家族と話す

ホームシックになったら、家族に連絡をとってみましょう。SNSの無料通話アプリを利用する、格安旅行パックで帰省する、写真や動画を家族間で共有できるアプリで、お互いの近況を伝え合うのもいいですね。

街へ出よう

街へ出て、頭の中を切り替えるのも手です。近所の人に会ったら「こんにちは」と挨拶をして、立ち話もできれば理想的。買い物をしたときは、レジの店員さんに「ありがとう」とひと言でも言葉を交わしてみてください。

友達と話す

友達に連絡をとって、たわいもない話をするだけでも気持ちが和らぎます。ランチ会を計画するほか、自分の部屋に誘ってみるのもいいでしょう。信頼できる友達と、抱えているさびしさを共有すると心が軽くなることも。

別の集中できることを探す

集中できる何かを探して、気持ちのベクトルを変えることを考えてみては。新しい世界が広がるきっかけになるかもしれません。

サークルや習い事に参加する

学校のサークルや地域の習い事に参加してみるのも◎。コミュニティに所属することで、共通の趣味をもつ人と会話も弾みます。地域なら、肩書きや世代の違う人と知り合えて新鮮に感じるでしょう。また、趣味に没頭できてさびしさも和らぐはず。

センパイの声

大学のサークルに所属したら、自分と同じように実家を離れてひとり暮らしをしている友達がたくさんいて、家事の工夫といった情報交換ができて心強かったです。お互いの部屋も行き来して、さびしさや不安がなくなりました。（Kさん・大学生・男性）

センパイの声

動画サイトを参考に、料理を勉強することにしました。自炊に慣れてくるとお弁当もつくってSNSに投稿するようになり、フォロワーが増えるたび自信につながって。筋トレやヨガにも挑戦し、ひとり時間が充実しています。（Mさん・会社員・女性）

目標を立ててみる

目標を立てると、そこに集中して余計なことを考えなくなります。「1日○歩歩く」「○kgやせる」「残業を減らす」など、カレンダーアプリや手帳で管理してみては。達成できた小さな成功の積み重ねが、気持ちをポジティブに変えてくれます。

好きなもの（こと）に囲まれてみる

好きなものに囲まれたり、好きなことに没頭したりする時間は、ひとりでいても心が弾みます。料理をする、歌う、ぬいぐるみに囲まれて寝るなど何でもOK。それをしているときが「幸せ」と感じられることをリスト化して、取りかかりやすいことから試してみて。

暮らし
49

心のケア

悩みごとがあるとき

「SOS」を出すことは大事 自治体の相談窓口も

悩みごとがあるときは、ひとりで抱え込まないことが大切です。日本人は、「相手に悪い」という気持ちが先行して、人に頼ることが苦手な人が多い傾向があります。しかし、**頼れる先を増やし、上手に人に頼ることが、自立への第一歩です。**

困ったときは、まずは自分の悩みを整理することから始めます。悩みごとと向き合うと少し冷静になり、解決策を思いつくかもしれません。それが難しい場合は、家族、友達、先輩、先生、同僚、専門家など、頼れそうな相手に「助けてください」とお願いしてみましょう。自治体には無料の相談窓口もあるので、利用するのも一手です。

アウトプットして頭と心を整理

頭の中だけで考えていると、漠然とした不安だけが広がります。悩みはアウトプットして、いったん頭と心を整理しましょう。

人に話してみる

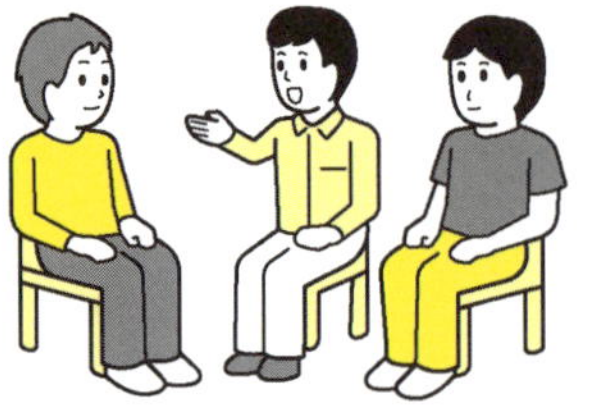

人に伝えることで、自分が何をどのように悩み、どうしたいのかが明確になります。自身への理解が深まって対処方法が見えてきたり、自分では気づけなかったことを相手がアドバイスしてくれたりすることも。

書き出してみる

心のモヤモヤは、書き出すのがおすすめ。スマートフォンや手帳などに箇条書きにして「見える化」を。頭の中が整理されて「思ったほど悩みの数は多くない」「この部分は解決できそう」など、判断できるようになります。

注意

SNSへの書き込みには気をつけて

SNSなどを利用して、匿名で悩み相談をする人もいるでしょう。しかし、相手も匿名なのをいいことに、心ない返答を投稿する人がいるかもしれません。友達だけに限定公開した悩みの投稿が、引用・拡散されてしまうことも。また、親切に相談に乗るフリをして弱った心につけ込み、悪質商法に勧誘したり、実際に連絡を取り合って連れ去ったりする犯罪もあります。ネットの場合、一度投稿すればなかったことにはできないので注意してください。

人に頼ってみよう

**ひとりで悩みを抱えていると、ネガティブ思考に陥る傾向があります。

人に頼れば新しい気づきがあり、解決へと前進するかもしれません。**

専門家に

カウンセラー、精神科医、保健師などは、話を聞いて、考え方のクセや意外な長所に気づかせてくれます。考え方をポジティブに切り替えられるように、導いてくれることも。相談が外部に漏れることもありません。

年齢や職種の違う人に

年齢が違い、自分の境遇とも接点のない人のほうが、客観的な立場からの意見をもらえて相談しやすいことがあります。物事のとらえ方や感じ方が違うため、意外なアドバイスを受けられるかも。

近い立場の友達に

同じような立場にいる友達は、悩みをよく理解してくれます。共感も多く、「自分だけじゃない」と思えるでしょう。愚痴を言い合ったり悩みを共有したりすれば、信頼感が増して関係性も深まります。

ため込まず、SOSを出せる人になろう

友達に悩みを相談すると、「相談してくれてありがとう。心配してたから」という返事が。気になっていたけれど遠慮していたみたい。相談してよかったです。ひと通り話を聞いてもらっただけで、心のモヤモヤがどこかへ。

（Tさん・大学生・女性）


チャットGPTに、悩みを相談してみました。すると、具体的な回答が戻ってきてビックリ。人に話したらうんざりされそうな心の悩みに自己肯定感を高めてくれるアドバイスもあり、頼りにしています。

（Jさん・アルバイト・女性）

思い切って、カウンセラーに予約をとりました。電話やメールでも可能ですが、対面でお願いすることに。短時間で私のまとまりのない話を理解し、専門的な視点から的確に分析。認知の偏りを指摘されて気づきがあり、認知行動療法との相乗効果で気持ちが整理されて納得できました。明確な答えが出なくても、ぐちゃぐちゃだった感情が小さくなって楽になれた気がします。
（Fさん・専門学校生・女性）

暮らし
50

心のケア

声を出す

ひとり暮らしのひとり言

部屋にひとりでいると、ついひとり言が出ることがあります。声を出すのはいいことですが、言葉に気をつけないと自分にはね返ってくるかも……。

要注意なひとり言

ネガティブな言葉や自身を落ち込ませる言葉は、なるべく言わないようにしたいものです。自己肯定感が低くなります。また、「あいつは、また同じミスをしている」など、他人のミスや弱みを指摘するひとり言もNG。相手の印象が悪くなってしまいます。

例

「どうして理解できないんだろう」

「まだ終わらない」

「うまくいく気がしない」

「どうせ無理だ」「自分なんて」

「自分のせいだ」

「あいつ、バカみたい」

「あいつみたいになりたくない」

いいひとり言

自分を励ます言葉や勇気づける言葉は、どんどん口に出してみましょう。気持ちが軽くなり、前向きにしてくれるはずです。アスリートも、精神集中のためにつぶやくことがあるといわれ、ポジティブな感情を生み出してくれます。

例

「きっとうまくいく」「自分ならできる」

「自分、よくやった!」

「今まで十分努力した」

「幸せだなぁ」「運がいい!」

「次がある」「大丈夫!」

話をしない日が続くと心に悪影響も

休日に部屋に閉じ込もって、「誰とも話さなかった」という日が続くと、社会とのつながりが感じられず、孤独感を募らせることがあります。

声を出すと横隔膜が収縮し、内臓がマッサージされたような刺激を受けます。すると、血流がよくなり新陳代謝も活性化。体の調子がよくなり、気持ちも前向きになるでしょう。

言葉を声に出すと自分の気持ちや考え方に影響を与えます。できるだけポジティブな言葉を発することを意識すれば気持ちが晴れやかになりますよ。

声を出すための行動

「あまり話していない」と思ったら、声を出すための行動を意識してみませんか。
声を出すシチュエーションは、周囲にさまざまなものがあります。

絶叫系を体験

たくさん大声を出して楽しんで。スリル満点で味わう疾走感に体が反応して、楽しさでいっぱいになり、全身に快感が駆けめぐります。

カラオケに行く

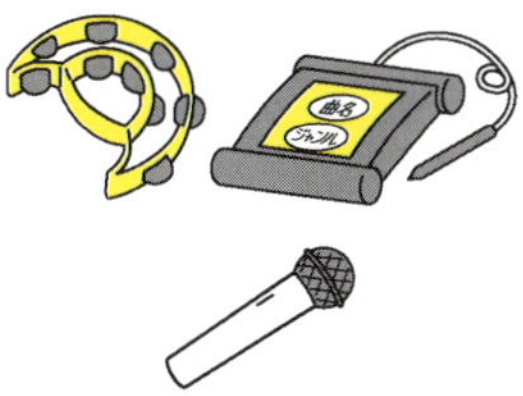

歌詞をメロディにのせ、気持ちよく大きな声を出しましょう。おなかの底から声を出して歌うことは、腹筋が鍛えられていい有酸素運動にもなります。

人に会う

人とコミュニケーションすることで、自然と言葉を発するうえ、おしゃべりが弾むと心も軽やかに。愚痴を言い合ったりすれば、ストレス解消にも。

音読してみる

話し相手がいないときは、本などを声に出して読むのもOK。語彙力や読解力、会話力などが向上するといわれ、脳の活性化にも役立ちます。

挨拶

はっきりと声を出し、笑顔でたくさんの人に挨拶するよう心がけてください。相手に好印象を与え、仲良くなるきっかけにもなります。

お笑いライブに行く

お笑い劇場や寄席など、声を出して笑える場所へ出かけるのも手。笑いが免疫細胞を活性化するともいわれています。動画で楽しんでも◎。

センパイの声

動画サイトのカラオケを利用し、部屋で歌っています。演奏があるとノリノリになるし、ひとりだから恥ずかしくありません。大声は出さずに楽しんでいます。

（Oさん・専門学校生・男性）

センパイの声

バイト先で、元気よく挨拶することを心がけています。やる気スイッチが入るし、お客さまに評判がいいです。店長にもほめられて、いいことずくめ。

（Uさん・大学生・女性）

暮らし
51

ひとり暮らしを楽しもう

趣味を存分に楽しむ！

趣味をもつことでひとり暮らしがより充実

毎日をより充実した有意義な生活にしていくためには、ひとりでも楽しめるような趣味をもつことが一番！

部屋でまったりとひとり時間を楽しむのもよし、アクティブに外に出かけて楽しむのもよし。**趣味を存分に楽しみ、生活に彩りを加えていきましょう。**

とはいえ、どんな趣味でも節度を守ることが大切です。たとえば音の出る趣味の場合には防音対策をしっかりとするなど、**他人に迷惑をかけないということは最低限のマナー**です。

家の中でひとりで楽しむ趣味

家族に気兼ねせず好きなことを存分に楽しめるのはひとり暮らしの特権！　たとえばこんな過ごし方はいかが？

推し活！

DVD鑑賞を心ゆくまで楽しんだり、コミックを何周も読んだり。誰にも邪魔されず、思う存分推し活を。

自分好みの空間に

純和風、アジアンスタイル、ゴシック調などなど、自分好みの空間に思いっきり振り切った部屋づくりも◎。

部屋をシアタールームに

プロジェクターと遮光カーテンを用意して、映画やライブDVDなどを大迫力で鑑賞！

楽器演奏や音楽

マイペースに何度も同じ箇所の練習ができます。ただし、しっかりした防音かヘッドホンが必須！

家を出て ひとりを楽しむ趣味

ひとりでマイペースに楽しめることは、家の外にもたくさんあります。自分が暮らす街を好きになれる、こんな過ごし方も。

書店・図書館

ひとり時間を贅沢に過ごすのに最適なのが読書です。新しい本との出会いに。

カフェ・ひとりごはん

ひとりで素敵な時間が過ごせるカフェや飲食店を探してみましょう。

散歩

気ままに、自分の感性にしたがって街歩き。新たな発見がありそうです。

スポーツ

ジムや公共施設などを利用して、マイペースにスポーツを楽しむのも◎。

釣り

自然の中で静かに過ごして、ストレス解消やリフレッシュができます。釣れた魚をおいしくいただくこともできます。

飲み屋めぐり

行きつけのお店があると、誰かと話したいときの居場所になります。

センパイの声

ロフトで寝ていますが、来客があっても見られない場所なので、推しのアニメグッズで満たした空間にしています！　実家にいた頃はそんなに飾れなかったポスターやフィギュアがいっぱいで、毎晩寝る前が至福のひとときです。

（Rさん・大学生・男性）

センパイの声

自然が多い街でひとり暮らしを始めて、写真が趣味になりました。はじめは家族や友人に送るために風景写真を撮っていたのですが、だんだんとカメラにハマってしまい……。休日に散歩も兼ねて撮影をするのがとても楽しいです。

（Sさん・会社員・女性）

暮らし
52

ひとり暮らしを楽しもう

SNSで暮らしのレポート

誰かに話すつもりで SNSでレポートを

最初は解放感でいっぱいでも、生活に慣れてくるにしたがって、ふと孤独を感じることもあるでしょう。そんなときに**誰かとやり取りをしてつながることのできる方法のひとつがSNSです。**文章や写真、動画、つぶやきなど、さまざまな形式のSNSがあり、それぞれに特徴があります。**自分に合ったものを見つけて活用してみると、思いがけず新しい世界が広がるかもしれません。**

SNSの種類と特徴

ひとり暮らしをしていると、誰かとのつながりが恋しくなることも。SNSで生活のレポートなどを発信してみてはどうでしょうか?

Facebook

文章や写真を投稿でき、29億人が利用しているといわれる世界最大のSNSです。実名登録なのと、公開範囲を友人・知人などに絞ることもできるので、比較的安心感があります。また、InstagramやThreadsなど系列SNSとの連携が可能です。

Instagram

「インスタ映え」という言葉を生んだ人気のSNSで、写真投稿がメインです。インスタグラマーと呼ばれるインフルエンサーも多く活躍しています。

note

長文の投稿に適したSNSで、記事の有料販売をすることもできます。利用者に男性やビジネスパーソンが多めという特徴もあります。

YouTube

動画投稿系SNSの代表格で、ユーザー数は国内だけで7000万人とも。再生回数に応じて報酬が支払われ、それで生計を立てるYouTuberと呼ばれる人もいます。

TikTok

15秒～3分間という短い動画に特化したSNSで、10代の若者を中心に人気です。

pixiv

イラストやマンガなどの投稿がメインのSNSで、グッズの販売機能などもついています。

SNS発信時のポイント

まずは継続!

あまりにも投稿頻度がまばらだと、休眠アカウントだと思われて訪問者も少なくなります。毎日でなくてもOKなので、定期的な投稿を心がけましょう。

投稿の前に最低2回は見直しを

SNSの投稿は、あっという間に全世界に拡散されることもあります。なので、投稿する前に内容はしっかりと推敲しておく必要があります。うっかり間違いや不適切な内容の投稿をしてしまうと、たとえすぐに削除したとしてもスクリーンショットが出回ってしまう可能性はゼロではありません。特に夜中に書いた投稿は、朝起きてから再度内容の確認を!

目的をもった発信を

ただ思いつくままに日々の出来事を投稿するだけでもSNSは十分に楽しむことができますが、どうせなら目的意識をもったSNS投稿をしてみるのはいかがでしょうか? 「有名になりたい!」「収益を得られるようになりたい!」などというような大きな目標ではなくても、「同じ趣味の人と情報共有や情報交換をしたい」「自分のお気に入りをおすすめしたい」などの目的でもOK。テーマがはっきりしたアカウントだと、人気も出やすくなります。

memo

SNS発信で気をつけたいこと

著作権侵害に注意!

著作権の侵害は立派な犯罪行為です。訴えられて悪質なものと判断された場合、50万円以下の罰金や10年以下の懲役となることも……。ネット上から写真を「拾って」再掲載するのもNGです。フリー素材サイトを使い、引用元の明示を。他人の著作物を流用するような行為は絶対にやめましょう。

他者を傷つけない!

他者を傷つけてはいけないのはネットもリアルも同じですが、顔の見えないインターネット上の世界では、つい感情的になったり、群集心理のようなものが働いたりして「炎上」が起こりがちです。書き込みなどをする前に、「この書き方だと傷つく人がいないかな?」とひと呼吸おく習慣をつけましょう。

個人情報を守る!

ネット上の情報は、どんな人が閲覧しているかわかりません。個人情報を開示することはやめましょう。「このくらいは大丈夫だろう」と思っていても、心ない人に悪用されることも。自宅の窓からの景色を投稿して住所がバレるなどということもあるので、慎重に!

暮らし
53

ひとり暮らしを楽しもう

お気に入りの場所

自然に深呼吸できる好きな場所をつくる

ときには落ち込んだり、イライラしたり、なんとなくモヤモヤしたり……ということもあるでしょう。そんなときには、いったん目先を変えてみるのがおすすめです。

たとえば、部屋の中に、気持ちのスイッチを切り替えられる場所をつくったり、部屋の外に自分なりの切り替えスポットを見つけたりします。

自分のご機嫌取りができるようなお気に入りスポットが多ければ多いほど、心穏やかに、心身ともに充実した時間が過ごしやすくなります。

住まい編

リラックスできる空間や、趣味に没頭できる環境、アイデアが生まれる場所……心の安定につながるお気に入りの場所をつくってみましょう。

癒やされるバスルーム

自分だけのお気に入りのシャンプーや石鹸、入浴剤などで至福のひとときを。他にも、バスキャンドルやアロマバス、バスボムなどもおすすめ。

趣味に囲まれたコーナー

壁の一面や部屋のコーナーなどを趣味に関連するものでまとめ、ワクワクできる空間に。そこを見るだけでも元気になれそうです。

こだわりの椅子

部屋にいるときに長い時間を過ごすのは椅子の上かもしれません。座り心地にこだわった椅子をお気に入りのものが見える場所に置きましょう。

バルコニー

人工芝やウッドデッキを敷いたり、小さな椅子とテーブルを置いたりするだけで、もうひとつのリビングが完成！　天気のいい日は最高です。

外出編

お気に入りの外出先があると、普段の生活とは異なる環境に身をおくことができ、ストレスからの解放や、心身のリフレッシュにつながります。

街

自分が生活している街以外にも、自分にとってのパワースポットになるような街がいくつかあるといいですね。そんな街を散歩しながら考え事をするのもおすすめです。

海辺

近くに海があれば、海辺を散歩してみるのもいいでしょう。波の音や潮の香りで、自然や季節の移り変わりを感じられます。ビーチヨガなどをやっていることもあるので、興味が湧いたら参加してみても。

公園

芝生の上でお昼寝をしたり、ベンチに座ってのんびりしたりできるお気に入りの公園を見つけられると、好きなときに立ち寄ってリフレッシュできます。

教えてセンパイ!

わたしのお気に入りの場所

近くにある美術館の年間会員になりました。芸術作品を鑑賞するだけでなく、そこの庭でのんびりしたり、ミュージアムショップに並ぶ雑貨を見たりするのがほっこり時間です。

（T さん・アルバイト・女性）

バルコニー園芸にハマっています。最初はグリーンカーテンや野菜を安く食べるためのミニトマトなど節約目的だったのですが、植物を育てることが面白くなり、とてもリフレッシュできます！ （S さん・大学生・女性）

近くに新しくできた図書館がお気に入りです。好きな本を借りたり読んだりはもちろん、静かで落ち着けるのでテレワークや資格の勉強をするのにも活用しています。

（K さん・会社員・男性）

近くに大きな川が流れています。そこの河川敷で眺める夕日が大好きで、休みの日の夕方にゆっくり散歩をするように。犬を散歩している人とも顔なじみになり、犬との触れ合いも新たな楽しみになりました。 （O さん・大学生・女性）

暮らし
54

思い立ったらひとり旅

ひとり時間に慣れたら
ひとり旅にも挑戦！

ひとり暮らしに慣れてきて、自分にとって心地よい時間の過ごし方がわかり、生活のリズムにも慣れてきたら、**ひとり旅にも挑戦**してみましょう。

ひとりでパックツアーなどに申し込んでみるのもいいですが、**ひとり旅なら、型にはまらず、変わったスタイルの旅にチャレンジ**することも可能です。

羽目を外しすぎないように注意しつつ、普段の生活に戻ったときに活力となり、素敵な思い出となるような、ひとり旅を楽しんでみてください。

ひとり旅に出かけよう

何も決めないひとり旅

ひとりだからこそ、事前に細かなプランは立てずに、気になったところを見て回るという気ままな旅が可能です。計画にしばられず、自分のペースで見て回ることで、行ったことのある観光地でも新たな発見があるかもしれません。ただ、コロナ禍が明けて以降、日本を訪れる外国人観光客も増えています。「何も決めない」とはいっても、特に人気の観光地が目的地の場合は、その日に泊まる宿だけは事前に予約して確保しておきましょう。

出発前に気をつけること

- 家の戸締まり&防犯対策
- 家電の電源は確実にOFF
- 現金とカードの両方を持つ

日帰りでもひとり旅

日帰りの小旅行も、立派なひとり旅です。早起きをした休みの日など、最小限の荷物だけを持って、ふらりと電車に飛び乗って遠出をしてみるのも楽しいかもしれません。

ルールを決めてユニーク旅

自分で行き先を決めると、結局いつも似たり寄ったりの場所に足が向いてしまう……。そんな場合は、何かルールをつくってユニークな旅をしてみるのはどうでしょうか？　ガイドブックを無作為に開いて出てきたスポットに行く、行き先関係なく次に出る観光バスに乗ってみる、目を閉じて地図を指差したところに行く、などなど。これまでにない旅が体験できること間違いなしです。

何もしないと決めた旅

「せっかくだから……」と欲張っていろいろな予定を詰め込んでしまいがちですが、あえて「何もしない」と決めるのも◎。ホテルや旅館の部屋でのんびり、いつもとは違った時間を味わう。時間に追われる普段の生活とは異なる、贅沢なひとときを過ごしましょう。

趣味を極める旅

趣味を極める旅といえば、アニメやドラマの舞台やロケ地をめぐる「聖地巡礼」が有名です。他にも、鉄道が好きな人なら「鈍行列車各駅下車の旅」、温泉好きなら「日帰り温泉めぐりの旅」、ラーメンが好きなら「ご当地ラーメンめぐりの旅」……。自分の好きなことをマイペースにとことん追求できるのも、ひとり旅ならではの醍醐味です。

センパイの声

新選組の土方歳三が大好きなので、数年前から少しずつ、京都の壬生寺や東本願寺、池田屋跡、日野市の資料館や高幡不動尊、函館の五稜郭などをめぐって思いを馳せています。　（Oさん・会社員・男性）

センパイの声

青春18きっぷの旅が大好きです。その地方の方言で交わされる他の乗客のおしゃべりをBGMに、車窓に広がるのどかな風景をのんびり眺めるのは、ローカル線の鈍行列車の旅だからこそです。

（Sさん・会社員・女性）

コラム

住まいを更新・退去するとき

更新するとき

更新手続きの流れ

今と同じ部屋に住み続ける場合でも、自動的に契約更新とはならず、新たな賃貸契約を結ぶこととなります。契約期間満了の半年前から遅くとも1カ月前までに管理会社からお知らせが届くので、基本的にはそれに従えばOKです。

①更新のお知らせが届く

管理会社から更新に関する案内が届くのを待ちます。もし契約期間満了の1カ月前になっても届かないようなら管理会社に一度、確認を。

▼

②更新契約書の提出

新たな契約内容を確認し、問題がなければ期日までに更新契約書を提出します。

▼

③更新料などの支払い

期日までに契約更新にかかる費用の支払いを行います。

契約内容の変更は要CHECK！

更新のタイミングで契約内容が変わることも多いです。家賃や駐車場・駐輪場代、管理費などが変わっていればすぐに気づけますが、これまで家賃に含まれていた水道代が実費負担になるなど細かな変更があることも多いので、しっかり確認するようにしましょう。

更新するかしないかを考えておく

賃貸契約を結んでいる部屋には、半永久的に住み続けられるわけではありません。一般的には、契約期間は2年間となっている物件が多いようです。契約期間が満了となるごとに、新たに賃貸契約を更新する必要があります。自分のライフスタイルの変化や契約更新にかかる費用、別の物件に引越す場合の費用などを総合的に考え、更新するかどうかを検討しましょう。

発生する費用を確認

更新をせず、新しい物件に移る場合は、新物件の契約料や引越し代がかかります。一方、同じ部屋に住み続けたいという場合も、更新料、更新手数料、火災保険料、保証会社利用料などのお金が必要になります。また、更新のタイミングで家賃などが値上がりとなることも多いです。これらを見越して、契約更新の半年前くらいからお金の用意もしておきましょう。

賃貸中の物件に住み続けるためには、通常2年ごとに契約更新をする必要があります。
また、退去するという場合にも、手続きや原状回復が必要です。
それぞれの手順について、確認しておきましょう。

退去の手続き

退去の流れ

新しい物件に引越す場合などは、タイミングがとても大事です。新居への入居日と今の物件の退去日が同日になるのがベストですが、難しい場合も、両方の手続きの手順をしっかり踏まえて、スムーズに退去ができるように調整しましょう。

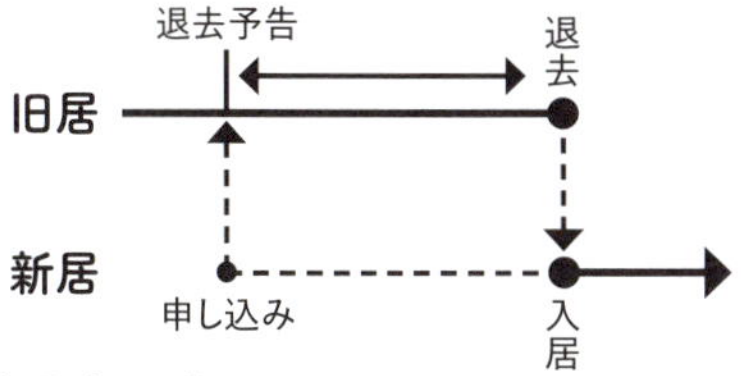

①退去予告

退去の意思を管理会社等に伝えた後、多くの場合は賃貸物件の解約通知書を郵送することになります。

▼

②次の住まいの準備

実家に帰る場合などを除き、退去日に合わせて次の住まいの賃貸契約を行い、引越しなどの段取りを整えます。

▼

③退去＆原状回復

退去の際には、部屋の中やバルコニーなどの状態を、入居したときと同じ状態に戻す必要があります。

▼

④退去の立ち会い

大家さん、管理会社等に鍵を返却すると同時に、部屋の汚れや傷など、どの程度原状回復ができているかの確認を行います。

退去するとき

ライフスタイルの変化など、さまざまな理由で今住んでいる物件から退去する場合は、自分から管理会社等に連絡をする必要があります。退去することを決めたら、すぐに賃貸契約時の契約書を見直し、「いつまでに」「誰宛てに」申請する必要があるのかを確認しましょう。家賃の支払いについて、日割り計算が可能なら解約日を月途中にすることができますが、日払い不可の場合は月の途中の解約でもひと月分の家賃が発生してしまいます。その場合は解約日を月末にしましょう。

希望通りにできないことも

退去の連絡が遅れると、希望の日に退去できず、二重に家賃を払う期間が生じてしまうこともあります。また、中には退去予告が2カ月前とされている物件もあります。退去を考え始めたら、なるべく早めに契約書の確認を。

敷金の返金額の決まり方

入居時に支払った敷金から、原状回復にかかった費用などを差し引いた金額が返金されます。

原状回復とは

賃貸契約を結んでいる間につけてしまった部屋の傷や汚れを元の状態に戻すことを原状回復といいます。タバコのヤニや落とせないシミ、壁に穴などがあると原状回復の費用が高くなり、敷金の返金がなくなるばかりか、追加の費用を請求される場合もあります。

【監修（不動産関連）】

河野真希（ひとり暮らしアドバイザー、家事アドバイザー、料理家）
（P.36、39～41、44～47、58～59、74～77、190～191）

【取材協力】

Woody（P.8）　〈instagram〉@woody_mini
あやめ（P.12）　〈instagram〉@yojo_han_paradise
r（P.16）　〈instagram〉@rrr.vlog
　〈YouTube〉@rrr.vlog
YU-TA（P.20）　〈instagram〉@1room_under
ういうい（P.24）　〈YouTube〉@setuyakuoneesan
ゆで（P.27）　〈instagram〉@yude.simplelife
ぽんひろ（P.30）　〈instagram〉@ponhiro_life
＊敬称略

【STAFF】

装丁・本文デザイン・DTP　松田剛、日野凌志（東京100ミリバールスタジオ）
イラスト　イトガマユミ
　いしいあきひと
構成・取材・執筆　山田桂
　安福容子
　今野陽子
　内藤綾子
校正　堀江圭子
編集制作　KANADEL
企画・編集　川上裕子（成美堂出版編集部）

※本書に掲載しているのは2024年12月時点の情報です。自治体によって異なるものもあります。

楽しくはじめるひとり暮らしのきほん

編　者　成美堂出版編集部
発行者　深見公子
発行所　成美堂出版
　〒162-8445　東京都新宿区新小川町1-7
　電話（03）5206-8151　FAX（03）5206-8159
印　刷　広研印刷株式会社

ISBN978-4-415-33530-8
落丁・乱丁などの不良本はお取り替えします
定価はカバーに表示してあります